ETRUSCOS
Historia de una civilización

ALFREDO TIEMBLO MAGRO

ETRUSCOS
Historia de una civilización

EDITORIAL DILEMA
MADRID 2024

Publicado por:
Editorial Dilema
Ibáñez Marín, 11
28019-MADRID
Teléfonos: 91 472 9071 / 91 548 0954
info@editorialdilema.com
www.editorialdilema.com

Diseño de Portada: María Pérez-Aguilera - mariap.aguilera@gmail.com
Maquetación: JMPG - jmpg731@gmail.com
ISBN: 978-84-9827-671-8
Depósito Legal: M-12859-2024

Para Carmen, con todo mi amor

Índice

Prólogo a la segunda edición

Es, para mí, motivo de mucha alegría "verme obligado" a escribir estas líneas. En su momento se concibió este trabajo como una introducción sencilla y general al estudio de la civilización Etrusca, sin más pretensiones. Como elementos bibliográficos, en su día opté, por referir tan solo aquellos libros que, a modo de manuales generales, unos más completos otros menos, por aquel entonces existían a disposición del público hispanohablante.

Cuatro años más tarde de la primera edición las cosas no han cambiado mucho. Cuatro años es muy poco tiempo para que, en el devenir científico, se consoliden ideas nuevas (la ciencia de la antigüedad tiene sus tiempos) y mucho menos aún para que éstas se hagan presentes en nuevos manuales de divulgación en lengua española.

Evidentemente en el mundo muy especializado se han ido agolpando, año tras año, diversos trabajos, en diversos idiomas sobre diversos aspectos de nuestro objeto de estudio pero, no creo que sea el caso, debido a la naturaleza de este trabajo, exponer pormenorizadamente la nueva bibliografía puramente académica aparecida; como tampoco lo fue, al menos así lo juzgué yo, en su momento. Huelga decir que yo, por supuesto, sí he buceado un poco en esta literatura especializada para valorar mis antiguas afirmaciones y, en su caso, redefinirlas.

¿Qué se puede hacer entonces para invitar a más público a leer este pequeño libro? Ponerlo más bonito. En el 2019 eran más limitadas técnica y económicamente las publicaciones de los libros pero en todo el mundo, la tecnología avanza rápido y bien. Esta nueva edición de, *Etruscos Historia de una civilización* pretendemos que sea más atractiva estéticamente. Para ello, esencialmente, se han aumentado considerablemente el número de ilustraciones y se ha mejorado mucho su calidad técnica.

Espero que estos nuevos *Etruscos*, que hoy se embellecen, resulten más atractivos que los viejos *Etruscos*. Y que, por supuesto, ello sea motivo de reediciones constantes con sus respectivas actualizaciones de todo tipo, que, aquí y ahora, me comprometo a llevar a cabo cuando sea necesario.

Quiero, por último, agradecer a los lectores del libro la confianza que han puesto en mí y a la editorial Dilema, por supuesto, y mucho, la apuesta por mi persona; ya son muchos años colaborando juntos y eso deja marca; una maravillosa marca.

Madrid 27 abril 2023

Introducción: ¿Por qué la cultura etrusca? Las inquietudes que despierta

La civilización etrusca es, a los ojos de los especialistas, muy difícil de definir. Está permanentemente sometida a diferentes interpretaciones que, aún a pesar de su aparente solidez intelectual, resultan asombrosas.

Desde el punto de vista arqueológico y artístico, lo etrusco es el resultado de una potentísima personalidad propia fundida, en un primer momento, con patrones ideológico orientales, muy orientales y en un segundo momento con patrones griegos, muy griegos. Sin embargo, paradójicamente, esa imponente personalidad hará que ni lo oriental primero, ni lo griego después, parezcan oriental o griego sino un sustrato extraño embadurnado de orientalidad, primero y, desaparecida por completo ésta, de helenismo después.

La sociedad etrusca adquiere las costumbres primero orientales y luego griegas, si bien dándolas unos aires particulares. De sus particularidades, una de la más destacable, a los ojos de la investigación, es la aparente igualdad sexual; según la mayor parte de los especialistas la mujer en el mundo etrusco gozaba de una situación muy similar a la del hombre, algo profundamente tanto antioriental como anticlásico. Se mantenía, sin embargo, el género femenino asociado a lo tradicionalmente suyo, la casa y el ornamento, pero podía acceder a posesiones, a herencias y administrar propiedades, por poner tres ejemplos. Merece la pena destacarse que en el ámbito del banquete, tan propiamente masculino, y en el de los juegos atléticos, las mujeres eran permitidas de forma natural y se mezclaban serenamente con el género masculino.

Desde el punto de vista económico, los etruscos, como todos los pueblos de la antigüedad, fueron esencialmente, agricultores y, en menor medida, ganaderos. Más propio de ellos es la preeminencia especial que se dará a la metalurgia. En algún momento también fueron excelentes comerciantes. Es razonable pensar que, en algún momento, Etruria o la Federación Etrusca, se erigió como potencia marítima dominante en el mar Mediterráneo ejerciendo una auténtica talasocracia. Acabada la misma, muchos se refugiaron en una peligrosa piratería con la que se acabó tras largos años de enfrentamientos.

Desde el punto de vista religioso-filosófico, se puede afirmar que lo etrusco estaba permanentemente y en todas su manifestaciones, orientado a la otra vida, al más allá, de cual, paradójicamente poco, muy poco, podemos explicar. El mensaje religioso etrusco estaba absolutamente volcado en la idea del alma; en las pinturas de las tumbas encontramos abundantes representaciones de viajes del alma al más allá acompañada de seres extraños; de recepciones al alma en el mundo de los dioses; de seres divinos y semidivinos etc. Pero también de escenas funerarias terrestres: banquetes funerarios en honor al muerto y procesiones funerarias desde la casa del muerto hasta su tumba, en la que no faltaba de nada para poder vivir. Es por ello que, entre muchos especialistas, ha cuajado la idea de que el hombre etrusco creía en dos almas: una que ascendía al cielo en un viaje lleno de peligros y otra que se quedaba en la tumba para allí vivir eternamente.

El etrusco, en otro orden de cosas estaba permanentemente obsesionado por conocer la voluntad de los dioses: el mundo y todas sus criaturas, para la mentalidad etrusca, estaban en manos de los dioses y ellos lo manejaban todo a placer; el hombre, por lo tanto, sólo podía intentar tratar de predecir lo que, en cada momento, los dioses deseaban hacer con él. No lo olvidemos, la etrusca es una religión revelada mediante profetas. Lo dicho por los dioses se debía respetar escrupulosamente por ello, y esta es otra idea clave, el etrusco era extremadamente riguroso con la buena práctica del ritual.

Todas estas ideas, además de otras muchas, se explican en su debido lugar y de forma más o menos concienzuda, a lo largo del libro que pretende, esencialmente, fijar y reunir los conocimientos empíricos o, al menos, cuasi-empíricos que, de los etruscos, pueden afirmarse en el estado actual de nuestros conocimientos.

I

La prehistoria etrusca

1.1. EL ÁMBITO GEOGRÁFICO DE LA CULTURA ETRUSCA

La península itálica está situada en el centro-norte del Mediterráneo. Tiene una longitud total de 1.350 km de longitud y una anchura máxima de 225 km. Dos mares bañan sus costas: el Adriático, en su vertiente oriental y el tirreno en su vertiente occidental; tres ríos principales recorren su territorio: El Po; el Arno y el Tíber y dos sistemas montañosos conforman su oreografía: los Alpes, situados al norte, que la separan de el resto de Europa y los Apeninos, que atraviesan toda su superficie de norte a sur por el propio centro del país dividiéndose, a su vez, en tres regiones, montañosas: la Apenino septentrional; la Apenino central donde se encuentra ubicado el monte de mayor altura del sistema, el llamado Gran Sasso de 2.921 m situado en el macizo denominado de Los Abruzos y La Apenino meridional que casi establece contacto con el mar. La cultura etrusca o tyrrhena, se desarrolló entre el río Arno a su norte; el río Tíber por el este y el sur, y el mar tirreno al oeste. Alain Hus describe así las tierras etruscas: *Debido a diversidad de orígenes geológicos, el territorio etrusco puede dividirse en tres regiones naturales: al sur, una planicie de toba volcánica que llega hasta Orvieto; al oeste, una franja costeña angosta que en su región septentrional queda cortada a menudo por las prolongaciones del nudo de montañas que constituye la región norte. En su superficie total, Etruria se compone de 35% de montañas, 56% de colinas y 9% de planicies aisladas.* (Hus, A. 1957 pág. 74).

1.2. CULTURAS ITÁLICAS DE LA EDAD DEL BRONCE (1800-900 A.C.)

Dentro de la Prehistoria italiana, para nuestros objetivos, carecen de interés el Paleolítico y el Neolítico, de tal manera que no nos entretendremos en ellos. Sí en cambio es preciso detenerse en la Edad del Bronce. Tres son los aspectos arqueológicos que la caracterizan:

1.2.1. El Bronce Meridional: La cultura apenínica

Se trataba de una cultura de pastores nómadas trashumantes asentados en cuevas o abrigos. Enterraban a sus muertos en tumbas dolménicas. Los materiales más representativos de esta cultura son las cerámicas negras hechas a mano y grabadas con motivos geométricos, en zigzag y punteados.

1.2.2. El Bronce Septentrional: La culturas terramare y palafitos

Ambas situadas en el valle del Po, su peculiaridad radica en la estructura de sus poblados, elevados sobre estacas y rodeados por un foso protector. En la cultura *terramare* los poblados se levantaron en tierra firme para defenderse de terrenos propensos a fuertes inundaciones. Los poblados de *palafitos*, sin embargo, se instalaron sobre zonas lacustres y arcillosas y se elevaron para evitar la humedad y el barro.

Eran sociedades fundamentalmente agrícolas que enterraban a sus muertos en lugares comunes. Los materiales representativos de ambas culturas son sus cerámicas negras y decoradas.

Terramare

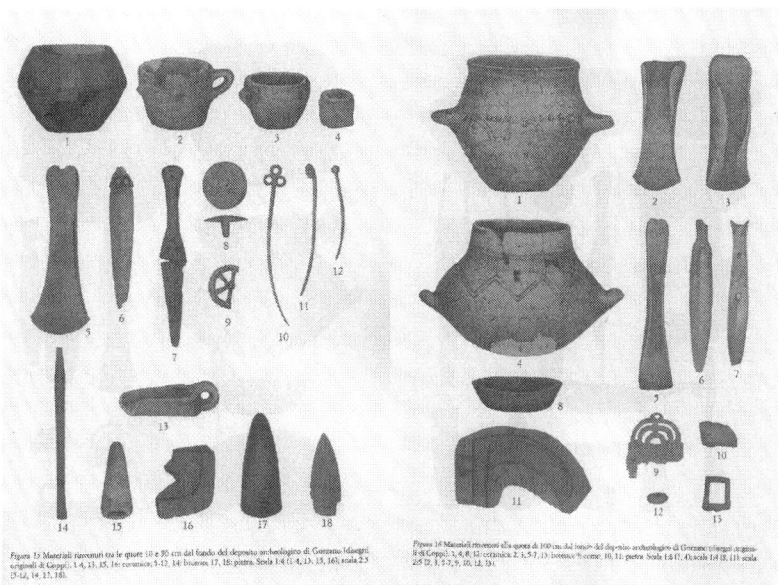

Figura 15 Materiali rinvenuti tra le quote 10 e 20 cm dal fondo del deposito archeologico di Gorzano (disegni originali di Geppi). 1, 4, 13, 15, 16: ceramica; 5-12, 14: bronzo; 17, 18: pietra. Scala 1:4 (1-4, 13, 15, 16); scala 2:5 (5-12, 14, 17, 18).

Figura 16 Materiali rinvenuti alla quota di 100 cm dal fondo del deposito archeologico di Gorzano (disegni originali di Geppi). 1, 4, 8, 12: ceramica; 2, 3, 5-7, 13: bronzo; 9: corno; 10, 11: pietra. Scala 1:4 (1, 4); scala 1:4 (8, 11); scala 2:5 (2, 3, 5-7, 9, 10, 12, 13).

Terramare

5 cm

Terramare

Villanova

1.2.3. Los hallazgos micénicos

Encontramos, como complemento a estas tres culturas, todo a lo largo de la Edad del Bronce italiana abundante material cerámico micénico y está constatada la presencia entre los siglos XIV y XII a.C. de establecimientos en Sicilia, Lípari, puntos de la costa tirrena, y en la zona de Tarento.

1.3. CULTURAS ITÁLICAS DE LA EDAD DEL HIERRO (900-200 A.C.)

A partir de 1200 a.C. es decir, a finales de la Edad del Bronce y principios de la Edad del Hierro penetran los pueblos indoeuropeos en Italia. Este acontecimiento modificará las costumbres étnicas primitivas. Desaparecerán la práctica totalidad de las culturas de la Edad del Bronce y surgirán nuevas con costumbres y lenguas distintas. Las más destacadas serán dos, la *cultura de las tumbas de*

Villanova   Villanova

fosa, denominada así por el tipo de enterramiento que las caracteriza y sobretodo la *cultura villanoviana*.

1.3.1. Cultura o civilización villanoviana

Fundamentalmente se desarrolló en las áreas geográficas de Toscana y Emilia aunque tuvo una extraordinaria fuerza expansiva. El tipo de hábitat es el de aldeas o poblados compuestos de chozas ovales y, en menor medida, cuadrangulares, pero es su tipología funeraria y la presencia o ausencia de materiales importados griegos la que, desde el punto de vista arqueológico, más la caracteriza. A este respecto M. Pallotino y otros autores (Lara Peinado, F. 2007 pág. 20) la dividen en los siguientes periodos:

I. *Villanoviana típica (950-820 a.C.)*: En ella solo aparecen presentes ritos de incineración en tumbas sencillas. Los materiales asociados son producciones eminentemente locales

II. *Villanoviana evolucionada (820-770 a.C.)*: Se combinan ritos de incineración e inhumación; surge una metalúrgica artística guerrera

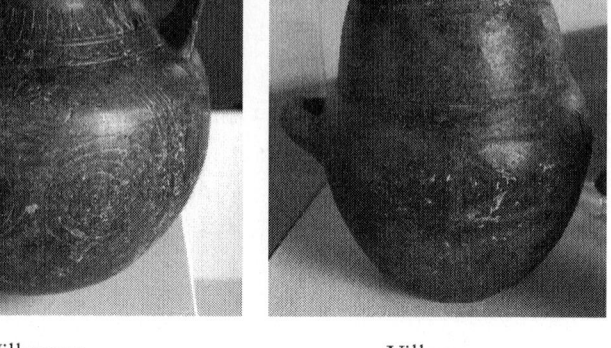

Villanova   Villanova

Villanova

Villanova

Villanova

excepcional de hierro y bronce (yelmos, corseletes, cuchillos con funda, fíbulas para sostener la ropa etc.) y comienza a detectarse entre los materiales una incipiente influencia griega.

III. *Villanoviana orientalizante (770-535 a.C.)* Subdividida en dos:

III.1. *Villanoviana protoorientalizante (770-700 a.C.)*: Domina la inhumación sobre la cremación, se construyen ahora tumbas monumentales y se importa abundante material oriental.

III.2. *Villanoviana tardoorientalizante (700-535 a.C.)*: Extraordinaria difusión de la cerámica corintia y lo más importante: a caballo entre lo orientalizante, lo griego y lo local se producen ciertos materiales y ciertos comportamientos que, sin duda alguna, ya se identifican como propios de un tránsito cultural a la civilización etrusca arcaica del siglo VI a.C.

1.4. PUEBLOS COLONIZADORES DE ITALIA: CRETENSES, MICÉNICOS, FENICIOS, GRIEGOS Y GALOS

La arqueología parece haber demostrado que las costas italianas recibieron la presencia desde el 1.600 a.C. de Cretenses y, un poco más tarde, de micénicos en busca, ambos, de metales y productos agrícolas fundamentalmente. La llegada de los *Pueblos del Mar* cortó hacia el 1200 a.C. esas relaciones pero a partir del siglo IX a.C. éstas se volvieron a reanudar.

Con la fundación de Cartago en el año 814 a.C. los fenicios inician intensos contactos comerciales con los pueblos itálicos, pero sólo contactos comerciales, pues, aunque algunos autores clásicos lo afirman, no se tiene referencia alguna de colonización estrictamente hablando.

De muy distinta forma se hace sentir la poderosa influencia griega. Hacia el 770 a.C. en la Isla de Pitecusa se establecen los primeros asentamientos, *Ischia* y *Procida*. Unos años después (740 a.C.) se pasa a tierra peninsular y se funda *Cumas* y así comienza una intensísima labor de colonización y, no menos importante, influencia cultural en los pueblos locales. He aquí una lista ordenada cronológicamente de los principales asentamientos: 734 a.C. *Naxos* (Calcidios), *Siracusa* (Corintios), *Acre Casmene y Camarina* (Los propios siracusanos), *Gela* (Rodios y cretenses); 720 a.C. *Sibaris* y *Crotona* (Aqueos); 706 a.C. Tarento (Espartanos); 680-670 *Heraclea* (Los propios tarentinos) y *Siris* (Jonios de Colofón); 580-570 a.C. *Epidamno, Apolonia, Adria* y *Spina*.

La cultura griega emanada desde los diferentes emporios coloniales ejerció una notable influencia en la civilización etrusca pero de ninguna manera se puede decir que los etruscos recibieran y adoptaran la cultura griega de forma irreflexiva. Los tres aspectos más importantes de la misma son los siguientes: 1) Fueron los griegos responsables de la introducción y posterior difusión del alfabeto en el mundo etrusco; 2) Las divinidades griegas ejercieron una poderosa influencia en la religiosidad y 3) Los materiales importados de las metrópolis o las colonias griegas fueron rápidamente incorporados a las estructuras sociales locales como elementos de prestigio.

Se detecta hacia finales del siglo VII a.C. y sobre todo a lo largo del siglo VI a.C. la presencia en diversas oleadas de pueblos de origen celta de entre las cuales la más destacada fue la de los Galos, sin embargo su influencia se dejó notar más en otras culturas de la Edad del Hierro, como por ejemplo la de *golaseca* que en la *villanoviana* que, como hemos visto, es la base cultural del mundo etrusco.

2

Origen de los Etruscos

2.1. TEORÍAS SOBRE EL ORIGEN DE LOS ETRUSCOS

2.1.1. Teoría oriental

Es la defendida por una gran parte de los actuales investigadores así como por la aplastante mayoría de los textos clásicos. Según Heródoto los Lidios, pobladores de un antiguo reino situado en las actuales provincias de Izmir y Manisa al oeste de Turquía, a causa de una terrible carestía, tuvieron que emigrar hacia las costas occidentales de Italia. Esa emigración se hizo al mando de un tal *Tirreno* hijo del, por entonces rey de Lidia, *Atis*, de donde viene el segundo nombre que se le da a Etruria, *Tyrrhenia*. He aquí el fragmento:

> En tiempos del rey Atis, hijo de Manes, se produjo en toda Lidia una extrema carestía de víveres: durante cierto tiempo los lidios sobrellevaron la calamidad con entereza, pero al cabo, cuando no remitía, trataron de hallar una solución y cada uno ideó un remedio distinto (…) pero como la calamidad no amainaba, antes al contrario se recrudecía más y más, su rey acabó por dividir en dos grupos a todos los lidios y designo por sorteo a uno para que permaneciera en el país y a otro para que saliera de él; el rey, en persona, se puso al frente del grupo al que le tocó permanecer allí, mientras que al frente del que debía emigrar puso a su propio hijo, cuyo nombre

era Tirreno. Aquellos a quienes les tocó salir de país bajaron hasta Esmirna, se procuraron navíos en los que se embarcaron todos los bienes muebles que les eran útiles y se hicieron a la mar en busca de medios de vida y de una tierra hasta que, después de haber pasado de largo muchos pueblos, arribaron al país de los umbros, en donde fundaron ciudades que siguen habitando hasta la fecha. Ahora bien, cambiaron sus nombres de lidios por el hijo del rey que los había guiado; en su honor tomaron su nombre y pasaron a llamarse tirrenos. (Heródoto 2008 págs 169-170).

Si bien Lidia es una excelente candidata para albergar el origen de los etruscos, los especialistas no se deciden definitivamente por ningún lugar en concreto.

2.1.2. Teoría nórdica

Según esta teoría el origen de los etruscos sería un conjunto de gentes alpinas que habrían adquirido y establecido su poderío bajo el nombre de *Etruscos* (*Rasesnna*). Posee, en la actualidad, muy poca validez científica por diversos motivos.

2.1.3. Teoría autóctona

Eminentemente arqueológica defiende que a los inhumadores eneolíticos, *Terramare* y *Palafitos* entre otras culturas, se les habría superpuesto la, ya conocida cultura Villanoviana de incineración que, a su vez, también lo hemos dicho, hubiera dado origen a la civilización etrusca primitiva, todo ello siempre dentro de un ámbito puramente local. El gran problema de esta teoría es, precisamente, la poca relevancia que se le da a las innegables influencias orientales presentes en los primeros momentos de la civilización etrusca. Sin embargo, según nos cuenta Christopher Smith, estudios de ADN sugieren una asombrosa continuidad genética desde el Neolítico, apoyando así esta teoría de la autoctonía, si bien, otros análisis sugieren importantes contactos con oriente.

2.1.4. Últimas teorías M. Pallottino / J.Magnesss

La teoría más aceptada en la actualidad junto con la de los orígenes orientales antes citada, defiende la realidad etrusca como el fruto de un proceso cultural más que geográfico con ciertos tintes ambiguos de autoctonía. Lo etrusco sería el resultado de una agrupación cultural homogénea, probablemente construida en base a diversas tradiciones tanto locales como extranjeras fusionadas, que devino en un estado con lengua y costumbres propias y originales entre los siglos VIII y I a.C. Una mezcla sin parangón, pues, de varios elementos autóctonos y alóctonos adquiría una personalidad propia.

Buscando una explicación de esta realidad Magness plantea que, tal vez, esa particular fusión podría explicarse por la integración cultural total, dentro del mundo etrusco, de diversos componentes sociológicos (¿artesanos? , ¿emigrantes?), de origen oriental que, sin embargo, no llegaron a perder nunca sus arraigos culturales originales.

3

Los acontecimientos políticos (770 a.C.-54 d.C.)

3.1. ORIGEN DE ETRURIA

No parece haber la menor duda, en el ámbito actual de la etruscología, de que la civilización etrusca es heredera cultural de la antigua civilización villanoviana. Se afirma esto debido a que no se han encontrado pruebas mínimamente concluyentes que pudiera defender emigración alguna a tierras etruscas; ni por mar, ni por tierra.

Lo que sí se detecta claramente desde el punto de vista arqueológico es una fractura de la civilización villanoviana. Lo villanoviano se desmenuza en variantes locales auspiciadas fundamentalmente por dos factores: A) La evolución social y B) El estímulo del comercio exterior. Según el grado de intensidad en el que se desarrollan ambos, los resultados arqueológicos son distintos aunque, sin lugar a dudas, vinculados, en mayor o menor medida, pero vinculados nítidamente, a su origen cultural.

El cambio en las costumbre funerarias, sin embargo, es mayor, casi radical: de la antigua incineración típicamente villanoviana y la posterior deposición de las cenizas en urnas bitroncocónicas, globulares o en forma de casa, se pasa a la inhumación. Estas urnas en forma de cabaña sin embargo, y aquí podríamos apreciar el vínculo, podrían haberse convertido en la referencia simbólica de las, tan características, *Ciudades de los muertos* etruscas de las que se hablará.

3.2. EL PERÍODO ORIENTALIZANTE (770-535 A.C.)

Hacia el siglo VIII a.C. las aristocracias gentilicias de la zona etrusca importarán elevadas cantidades de productos foráneos para prestigio personal; comenzará así a llegar a estas tierras abundantes materiales egipcios, asirios, urarteos, sirios, fenicios, chipriotas y, por supuesto, griegos (cerámicas corintias, áticas y jonias). Además comenzarán a regular los excedentes mineros y agrícolas dándose así el paso de sociedades de estructura de poblado a sociedades urbanas. La escultura y la pintura surgirán, ya por estas fechas tan tempranas, como géneros artísticos para deleite de dichas aristocracias que empezarán a ejercer un, primitivo por supuesto, pero real, mecenazgo en el estricto sentido de la palabra.

Desechándose las antiguas estructuras de habitación villanovianas surgirán grandes mansiones señoriales, claro síntoma de la formación de una sociedad de clase, si bien las estructuras habitacionales populares también se modificarán incorporándose cimientos de piedra, muros de adobe y tejados de teja.

Las pequeñas tumbas de fosa pasarán a convertirse en inmensas tumbas de cámara con imponentes túmulos sobre ellas. Esta aristocracia gentilicia se enterrará en ellas acompañada de gran cantidad de ajuar importado que, en su encomiable acto de desecharlo de forma voluntaria y gratuita, como si le sobrase, dará fama y prestigio a sus apellidos.

Este similar comportamiento repetido casi punto por punto en todas y cada una de las ciudades de la zona no podrá menos que, casi por necesidad, devenir en un cierto sentido nacional etrusco que, sin embargo, con el tiempo, solo fructificará en un sistema de ciudades confederadas pero independientes entre sí, la llamada *Liga o Confederación Etrusca* de la que se hablará más tarde.

En estos momentos se produjo una extraordinaria expansión territorial de la civilización etrusca, ya por vía comercial, ya por vía militar. Una, pequeña de momento, ciudad del Lacio, Roma, fue muy pronto conquistada y se estableció en ella una dinastía de origen etrusco formada por tres reyes: *Tarquinio Prisco, Servio Tulio y Tarquinio el Soberbio*, que se impondrá a la anterior dinastía, semi-legendaria a ojos de los especialistas, propiamente romana, formada por cuatro: *Rómulo, Numa Pompilio, Tulo Hostilio* y *Anco Marcio*.

Lucio Tarquino Prisco (616-579 a.C.)

Fue proclamado heredero del poder por decisión de la viuda del anterior rey *Anco Marcio*. La historiografía romana la considera un tirano; sin embargo su labor en la ciudad fue extraordinaria: Instituyó los primeros juegos romanos e inició la construcción del circo máximo, del templo de Júpiter capitolino y de la cloaca máxima. Lucho contra los latinos conquistándoles *Apiolae* y otros muchos enclaves. También luchó contra los sabinos y contra los etruscos, sus propios paisanos, saliendo en ambos casos también victorioso. Fue asesinado por unos pastores contratados por los propios hijos de *Anco Marcio.*

Servio Tulio (587-535 a.C.)

La viuda de Tarquinio le impuso como rey. Es considerado como el segundo fundador de la ciudad de Roma por la ingente cantidad de reformas que hizo en la ciudad: reformas de tipo social: Dividió la ciudad y el campo romano en varias tribu: la ciudad en cuatro: *Sucusana, Palatina, Esquilina* y *Collina* y el campo de dieciséis entre las que destacan: *Galeria, Cornelia,, Aemilia, Claudia, Leonia o Fabia.* Publicó una constitución romana mediante la cual se dividió a los habitantes de Roma en cinco clases sociales de acuerdo con el nivel económico y 193 centurias desde el punto de vista militar. Las antiguas *Gentes* romanas se convirtieron en ciudadanos romanos divididos en tres compartimentos sociales: *Classis, Infraclassis* y *Proletarii,* téngase en cuenta que no tenían en esa época porqué coincidir capacidad económica y clase alta, muchos más factores conformaban la clase social, la división social estrictamente económica era una cosa, la jerarquía social otra. Y reformas de tipo urbanístico: ensanchó la ciudad con el *Quirinal* y el *Viminal* y la rodeó de un grueso muro; construyó el Templo de Diana en el Monte Aventino; también se le atribuyen las construcciones del Templo de Fortuna y el de Mater Matuta. De su época data uno de los documentos epigráficos latinos más antiguo, el *Lapis Niger*. Murió asesinado por sus parientes.

Lucio Tarquinio el Soberbio (534-509 a.C.)

Era hijo de *Tarquinio Prisco* y nieto de *Servio Tulio*. Llevó a cabo una cruelísima tiranía despreciando absolutamente y diezmando considera-blemente al Senado. Guerreó contra los *Volscos* arrebatándoles *Suessa, Pometia y Gabii*. Con mano de obra prácticamente en condiciones de esclavitud construyó el monumental Templo de Júpiter capitolino de 62 por 35 metros. Concluyó las obras de la *Cloaca Máxima*. Trajó a Roma los *Libros Sibilinos*, textos eminentemente oraculares que daban a conocer el futuro y los introdujo en el Templo de Júpiter bajo la custodia de dos sacerdotes específicamente dispuestos para ello. Fue destronado en una conjura palaciega y se exilió, según unas fuentes a *Caere* y, según otras a *Tusculum*, para después retirarse en 496 a.C. a *Cumas* donde murió.

Lars Porsenna (507-504 a.C.)

En este derrocamiento tuvo una especial relevancia la figura, también de origen etrusco, de *Lars Porsenna*, rey, por esas fechas, de *Clusium*. Aprovechando esos momentos de inestabilidad, se apoderó de la ciu-dad. Según *Tácito* y *Plinio el Viejo*, Porsenna expulsó a los Tarquinios y favoreció la, ya inminente, llegada de la República Romana; según *Tito Livio*, sin embargo, habría sido partidario de Tarquino y habría colaborado activamente en ponerle en el trono. Una vez consiguió la ciudad intentó expandirse por el *Lacio* y por *Campania*. Tras ser derrotado una primera vez en las murallas de *Cumas*, fue asesinado en una segunda contienda, la batalla de *Aricia* (504). La muerte de *Porsenna* supuso el final de la presencia etrusca en el Lacio en general y en Roma en particular.

3.3. EL PERÍODO ARCAICO (535-474 A.C.)

Es considerada esta época la edad de oro de Etruria; en estos momentos los etruscos controlaron la totalidad de los pueblos de Italia, excepto Roma, incluidos los asentamientos griegos y cartagineses. Se constituyó además, gracias a este control una auténtica talasocracia; naves de Etruria dominaban y cruzaban el Mar Mediterráneo a placer y por doquier.

¿En qué consistía esa talasocracia etrusca exactamente?, ¿Existieron realmente colonias etruscas?; ¿se constituyó un imperio colonial etrusco?: así nos responde a todo ello Christopher Smith: *Se trataba, por lo tanto, de un imperio comercial de cierta complejidad, en el que las ciudades individualmente desempeñaban un papel importante. Sin embargo, recientemente ha surgido un debate en torno a si podemos o debemos hablar de "colonización" en el contexto etrusco (...) fuera de Italia no había asentamientos exclusivamente etruscos. Tal vez lo más adecuado sería decir que los etruscos desplegaron una gran movilidad y un sofisticado concepto del control territorial, incluido el control del mar, mediante lo que se ha venido a llamar una "talasocracia no colonial". Aunque es posible que ninguna de estas empresas fuera obra de una única ciudad, tampoco, por lo que sabemos, había iniciativas "etruscas" conjuntas.* (Smith,Ch. 2016, pág. 99).

Es en esta época cuando se creó la, antes mencionada, *Confederación o Liga Etrusca*: se trataba de una, a modo de, federación de las doce ciudades por entonces más importantes, a saber, 1) *Veyes,* 2) *Cerveteri,* 3) *Tarquinia,* 4) *Vulchi,* 5) *Volsinii,* 6) *Vetulonia,* 7) *Ruselas,* 8) *Perugia,* 9) *Chiusu,* 10) *Cortona,* 11) *Arezzo y* 12) *Volterra,* que se reunían en el *Fanun Voltummae,* para elegir un Magistrado Supremo (*Zilath Mechl Rajnal*). Hubo sin embargo, si a los hechos nos atenemos, una total carencia de unidad; se puede afirmar que el apogeo etrusco fue, en rigor, el apogeo de cada una de las doce ciudades de la liga y de algunas otras de menor entidad conseguido de forma individual e independiente. Solo les unían vínculos lingüísticos y religiosos.

El grado de desarrollo de las ciudades etruscas, en esta época fue dispar, en general podemos decir que aquellas situadas en la zona meridional y costera se convirtieron en auténticas metrópolis en el pleno sentido de la palabra, mientras que las del interior mantuvieron un ambiente más rural o ruralizado. A medida de que el tiempo pasaba la tensión fue aumentando ya que los reyes fueron paulatinamente apartados del poder colocando en su lugar magistrados.

En este periodo la política exterior Etrusca tenía, por así decirlo, tres frentes importantes:

a) Frente Griego

Las relaciones con los colonizadores griegos cada vez eran más tensas. En el año 525 a.C. saltó un primer enfrentamiento entre la *Capua* etrusca y la *Cumas* griega que finalizó a favor de los etruscos. Un poco más tarde, entre 490 y 480 a.C. se produjeron choques entre ambos pueblos en las Islas Lípari y, probablemente, no está satisfactoriamente contrastado de momento, en Sicilia. Pero pronto llegaría una estrepitosa derrota etrusca: las armadas de *Cumas* y *Siracusa*, por parte griega derrotaron en *Cumas* (474 a.C.) a la armada etrusca.

b) Frente Cartaginés

Fue esencialmente pacífico; se renovaron los antiguos acuerdos que se habían hecho en 550 a.C. para repartirse las áreas de influencia del mar Mediterráneo.

c) Frente Romano (Primera Guerra Romano-Veyense)

Entre los años 485 y 474 a.C. hubo una constante lucha entre Roma y Etruria que acabó en el citado año 474 a.C. con la victoria romana y la firma de un armisticio de 40 años.

La derrota de *Cumas* y el armisticio con Roma tras la *Primera Guerra Romano-Veyense*, marcaron el inicio de la decadencia política de Etruria. A partir de estos momentos el retroceso económico de las grandes ciudades costeras etruscas como *Tarquina* o *Caere*, entre otras, se hizo cada vez más evidente; en las grandes ciudades del interior, sin embargo, todo fue algo más lento.

3.4. EL PERÍODO DE CRISIS (474-311 A.C.)

Cuatro sucesos marcarán este primer periodo de decadencia etrusca: Las guerras contra Siracusa; las guerras contra Roma; la pérdida de Campania y la amenaza gala.

Guerras contra Siracusa

Hacia el siglo IV a.C. los siracusanos, aprovechando la debilidad etrusca tras su decisiva victoria en *Cumas*, comenzarán a devastar diversas ciudades costeras etruscas. Los etruscos, reuniendo las pocas fuerzas que les quedaban, en el contexto de la Guerra del Peloponeso, se unieron a los áticos en un ataque contra Siracusa. Sin embargo, este asedio no tuvo éxito y pronto tuvieron que levantarlo. La contraofensiva Siracusana no se hizo esperar; el, por entonces, tirano de dicha ciudad Dionisio I saqueó varias ciudades etruscas: *Alsium*, *Punicum* y *Pyrgi* y expulsó definitivamente todo resto de presencia etrusca de las islas de Elba y Córcega.

Guerras contra Roma (445-351 a.C.)

Segunda Guerra Romano-Veyense (445-425 a.C.)

Muy pronto, antes de que concluyera la tregua acordada tras la *Primera Guerra Romano-Veyense*, se reanudaron los enfrentamientos entre Roma y Veyes. Los habitantes de una ciudad etrusca de la órbita de Veyes asesinaron a los delegados romanos. En respuesta, los romanos asesinaron al propio rey de Veyes. La *Confederación Etrusca* no tardó en reunirse para estudiar la situación creada pero no hubo acuerdo alguno y Veyes se vio obligada a enfrentarse en soledad a Roma. Tras unas primeras victorias, la ciudad finalmente fue derrotada y obligada a firmar un segundo armisticio.

Tercera Guerra Romano-Veyense (406-396 a.C.)

Nada más acabar la tregua, esta vez sí, se reanudaron las hostilidades, de nuevo a iniciativa de la ciudad etrusca. Finalmente, la propia Veyes fue sojuzgada por Roma que, inmediatamente después, conquistó otros cuatro enclaves: *Capena, Sutri, Nepi* y *Falerii*. Era la primera vez en toda su historia que Etruria perdía territorios propios.

Guerra Romano-Tarquiniense (390-351 a.C.)

En el 388 a.C. los romanos conquistaron a los Tarquinienses las ciudades de *Cortuosa y Contenebra*, toda Etruria meridional quedaba unida definitivamente al territorio romano. Los enclaves, *Sutri y Nepi* fueron atacados por tropas etruscas en el año 386 a.C. en un intento de reconquista que no tuvo éxito. En vista de lo sucedido y para asegurar la posición Roma fundó allí dos colonias latinas. Una nueva guerra entre Roma y la ciudad etrusca de Tarquinia y sus ciudades satélites, se inició en el año 358 a.C. Tras siete años de luchas la ciudad Etrusca se vio estrepitosamente derrotada y fue obligada a aceptar un armisticio en el año 351 a.C.

A partir de este momento, las ciudades etruscas, absolutamente descohesionadas y envueltas en una crisis brutal fueron presa fácil para una, cada vez más poderosa Roma, que no tardó en actuar.

La pérdida de Campania (423-421 a.C.)

Debido a una hambruna extrema los Samnitas se vieron obligados a dejar sus tierras y a infiltrase en tierras Campanas. Muy pronto conquistarían la ciudad Etrusca de Capua (423 a.C.) y dos años más tarde la Calcídica de Cumas. De esa manera finalizó también en el año 421 a.C. todo dominio etrusco sobre la Campania.

Amenaza de los Galos (391 a.C.)

Los pueblos galos iniciaron una ofensiva contra territorios etruscos, ofensiva esta que les llevó a saquear el valle del Chiana, las tierras del lago Trasimeno e incluso a amenazar a la propia ciudad de Chiusi en el año 391 a.C. La ciudad no dudó en pedir ayuda a la propia Roma, ambas ciudades consiguieron controlar a los galos con pequeñas victorias.

Primera y Segunda Guerra Samnita (343-304 a.C.)
Entre 343 y 304 a.C. Roma se ve envuelta en dos duras guerras contra los Samnitas, las llamadas Primera y Segunda Guerra Samnita, en las que, de momento, Etruria no tomará parte. Sí lo hará en la Tercera y última Guerra Samnita.

3.5. EL PERÍODO DE DECADENCIA (311-265 A.C.)

Nuevos enfrentamientos entre Etruria y Roma al finalizar la tregua de 351 a.C.

En 311 a.C. Tarquinia volvió a tomar la iniciativa militar contra Roma, nada más acabar la tregua de 40 años establecida entre ambas ciudades, asediando la ciudad latina de *Sutrium*. Pero Roma, que ya había ido preparándose para la guerra, en cuatro años conseguirá penetrar en el propio corazón de Etruria, el llamado Bosque Cimi-nano, situado entre la ciudad y los territorios adyacentes de Volsini y el territorio Falisco. Además también Roma tomará partido en la guerra civil de Arezzo, resultando victoriosa su facción.

La Tercera Guerra Samnita (298-295 a.C.)
En vista del creciente poder que Roma iba adquiriendo una coalición de diversos pueblos, Galos, Lucanos, Umbros y, ahora sí, Etruscos, a petición de los Samnitas decidió hacerla frente. Después de tres años de guerra las legiones romanas acabarán estrepitosamente con esta coalición en la batalla de *Sentino (295 a.C.)*. La peor parada en las condiciones de rendición fue la eterna enemiga de la ciudad latina, Etruria. Todas sus ciudades fueron, una tras otra, siendo incorporadas a Roma y además tuvieron que pagar rescates por sus prisioneros.

El saqueo de Volsinii (265 a.C.) y el final de la Etruria independiente
Pero este no fue el golpe final; los etruscos consiguieron rehacer-se y se reanudó la terrible contienda. La ciudad de *Ruselas* fue

sometida un año más tarde y *Volsini, Perugia y Arezzo*, se vieron obligadas a pactar una tregua de cuarenta años en condiciones de inferioridad y a pagar una indemnización de 500.000 Ases por ciudad.

Una última coalición de pueblos fue forjada, pero los romanos, tomando posiciones estratégicas pronto adquirieron el control de la situación. La resistencia de los pueblos aliados siguió un poco más, Los etruscos y los galos Senones en 284 a.C. derrotaron en *Arretium* al Cónsul Romano L.Cecilio Metelo, pero el Cónsul P.Cornelio Do-labella derrotaba, ya casi definitivamente, a la coalición en la batalla de Lago Vadimón (283 a.C.). En el año 273 a.C. sería derrotada y sometida la ciudad de Caere y, como punto final, en 265 a.C., Volsinii, la única ciudad etrusca relevante que quedaba aún resistiendo, fue saqueada por Roma. Este fue el fin de la Etruria independiente; la sociedad etrusca poco a poco se fue incorporando a las estructuras administrativas romanas buscando ya una forma de vida pacífica y a comienzos del siglo III a.C. la dodecápolis etrusca ya había desa-parecido.

3.6. LA ROMANIZACIÓN (265-54 D.C.)

Una vez que Etruria entró, de hecho, a formar parte de Roma, por lógica, tuvo que sufrir los problemas que la propia Roma tenía por esas fechas, esencialmente dos: el último ataque de los galos y la presencia de Aníbal. Los últimos ataques galos afectaron sólo parcialmente la vida etrusca. No merece la pena, pues, detenerse en ellos. Sí, en cambio en Aníbal.

Hacia el año 217 a.C. la presencia de Aníbal en territorio etrusco provocó una serie de rebeliones puntuales. Según los especialistas la inmensa mayoría del pueblo etrusco permaneció fiel a Roma. Pero Roma, para asegurarse *de facto* esa fidelidad, mandó al Cónsul Marco Livio. Los procesos judiciales que se llevaron a cabo para este propósito, sin embargo, provocaron en el año 205 a.C. nuevas agitaciones, esta vez algo más importantes que las de 217 a.C. Tres legiones tuvo que mandar Roma para pacificar la zona, cosa que logró en 203 a.C.

En 186 a.C. se produjeron nuevas revueltas provocadas por la indignación que provocaban ciertas prácticas Báquicas nocturnas llevadas a cabo por hombres y mujeres griegos y latinos. El Senado promulgó el *Senatusconsultum de Bachanalibus (186 a.C.)* por el que quedaban prohibidas; en el año 180 a.C. ya se habían dejado de llevar a cabo. Tanto la sublevación como la proclamación del *Senatuscosultum*, no cabe duda, obedecían a motivos más políticos que religiosos o morales.

Acabado este episodio, en muy poco tiempo, la integración etrusca en el *Ager Publicus* fue un hecho.

Pasó el tiempo y entre los años 41 y 54 d.C. el entonces emperador Claudio escribió una monumental obra en veinte libros titulada *Tyrrhenica I-XX* (Los Etruscos Libros I-XX). Esta publicación es la prueba de que Etruria ya pertenecía al pasado; era un antiguo pueblo susceptible, tan solo, de ser estudiado.

Merece la pena acabar este capítulo con un fragmento de la obra de Aziz dedicada a los Etruscos. Este autor nos ofrece un curioso complemento a los motivos de la decadencia y caída del pueblo etrusco:

> La religión etrusca, como ya hemos subrayado, es esencialmente fatalista. Según los Libri Rituales o Libros Rituales hoy en día desaparecidos, la duración de la nación etrusca estaba establecida con un rigor implacable, en diez siglos. Y sabemos, gracias en particular, a los trabajos científicos de Massimo Pallottino, que la cronología etrusca comienza en el siglo X a. de J.C. Concretamente en el año 968. (...)
> Pero la existencia del pueblo etrusco, en cuanto individualidad étnica, no sobrepasó los límites que los propios tirrenos habían impuesto (...). Esta sumisión a la fatalidad explica la actitud adoptada por los etruscos de la baja época: la desaparición era ineluctable, estaba prevista desde siempre y hubiera sido inútil querer cambiar el destino. (Aziz, P. 1976 págs. 170-171).

PRINCIPALES ACONTECIMIENTOS DE LA HISTORIA POLÍTICA ETRUSCA ((Heurgon,J. 1994, págs.135-137).

I. LOS ORÍGENES

Siglo XIII: Migración legendaria de los Lidios de Tirremo.

Siglos IX-VIII: Civilización Villanoviense / Principio de la colonización griega.

Siglo VII: Civilización orientalizante, auge de las ciudades etruscas

II. APOGEO DEL PODER ETRUSCO

Siglos VII-VI: 616-509: reinado de los Tarquinios en Roma

Siglo VI: La alianza de los etruscos y los cartagineses asegura a sus flotas el dominio del Mediterráneo occidental.

Segunda mitad del siglo: Expansión de los etruscos en el Valle del Po y en Campania.

Hacia el 535. Victoria naval sobre los focenses en Aleria (Córcega)

III. DECADENCIA DEL IMPERIO ETRUSCO

Siglos VI-V: Liberación de Roma (509): expulsión de los Tarquinios; (508): regreso ofensivo de Porsenna, rey de Clusum, amo de Roma; (504): Victoria de Aristodemas de Cumas y de los latinos en Aricia sobre un hijo de Porsenna; (499): Victoria de Roma sobre los latinos en el Lago Regila.

474: batalla naval de Cumas: Los etruscos, aplastados por los siracusanos, pierden el control del Mar Tirreno.

423: Toma de Capua por los Samnitas

400 aprox.: Comienzo de las invasiones galas en Italia: Los etruscos, desprevenidos, sufren,los ataques.

IV. LA CONQUISTA ROMANA

396: Los romanos toman Veyes

390: Los Galos penetran hasta Roma, la asedian y la incendian.

386: Alianza de Roma y Caere.

384-383: Raid de Dionisio de Siracusa contra Caere.

358: Comienzo de la gurra entre Roma y los etruscos.

353: Victoria de Roma sobre Caere.

351: Victoria de Roma sobre Tarquinia.

310: Paso del bosque Ciminiano; conquista de Etruria interior: Victoria dobre Arezzo, Cortona y Perusa.

308: Sumisión de Tarquinia.

301: Sublevación de Arezzo contra los Cilni.

295: Derrota de los galos y los etruscos en **Sentinum**: Sumisión de Volsinies, Arezzo y Perusa.

280: Tratado de alianza con Volsinies, Arezzo, Perusa, Vulci, Russelae, Vetulonia y Populonia.

273: Fundación de la colonia latina de Cosa.

265: Toma y destrucción de Volsinies.

V. LA ETRURIA ROMANA

(264-241: 1ª Guerra Púnica)

245 aprox.: Fundación de la colonia Romana de Pyrgi.

241: Destrucción de Faleria; construcción de la Vía Aurelia y de la Vía Amerina.

225: Victoria de los romanos y de sus aliados etruscos sobre los galos en **Telamón**; construcción de la Vía Clodia.

(218-201: 2ª Guerra Púnica)

218: Fundación de la colonia latina de Piacenza.

205: Contribución de las ciudades etruscas a la expedición de Escipión contra cartago.

(siglo II)

196: revuelta de esclavos en Etruria.

189: Fundación de la colonia latina de Bolonia.

183: Fundación de las colonias romanas de Parma y Módena.

181: Fundación de las colonias romanas de Graviscae y Saturnia.

177: Fundación de la colonia romana de Luni y la colonia latina de Lucques.

154 (o 125): Fundación de la Vía Cassia.

133-121: Reformas agrarias de los Gracos que no alcanzan territorio etrusco.

(Siglo I)

91: marcha sobre Roma de los etruscos hostiles a las leyes del tribuno M.Livius Drusus, que les atañen directamente.

90-88: Guerra Social tras la cual las ciudades etruscas reciben el derecho de ciudadanía romana.

82: Después de la 1ª Guerra Civil, en la que Etruria se había puesto del lado de Mario. Sila quita a Arezzo y Volterra su derecho de sufragio y confisca una parte de su territorio.

42: Durante la 2ª Guerra Civil, Perugia, ocupada por los Antoninos, es asediada e incendiada por Octavio.

4

La arqueología etrusca

4.1. ESTRUCTURAS

4.1.1. Estructuras urbanas: Ciudades, murallas y puertas

Ante todo se debe decir que la absoluta prioridad de los etruscos, a la hora de elegir la ubicación de sus ciudades era la defensiva. Una vez establecida esa prioridad, las estructuras internas de las mismas eran variadas: rectangulares o cuadradas (Marzabotto, Capua, Cosa, Fiésole, Ruselas o Spina); oval (Populonia o Cortona); triangular (Sutri) o absolutamente irregular en los casos de Volterra, Veyes, Tarquinia o Perugia. El centro de la ciudad lo ocupaba el llamado *Mundus*, un pozo cubierto por una bóveda que, según la tradición, unía el mundo de los vivos y el de los muertos. Desde él se trazaba una línea de norte a sur, denominada *cardo* y otra de este a oeste, *Decumana* y, a partir de ellas se establecían cuadrículas más pequeñas separadas por calles. Cada ciudad debería contener tres puertas, tres calles y tres templos para ser considerada como tal. La extensión de las ciudades etruscas podría variar, por poner dos ejemplos, entre las 190 ha. De Veyes, una de las ciudades más grandes según los testimonios arqueológicos hasta las 26 ha. de Chiusi. En cuanto a la demografía se puede hablar de una población de entre 32.000 habitantes a los 8.000 aproximadamente.

La-tomba-della-regina (Norchia)

Así describe Jacques Heurgon, el proceso ritual de fundación de una ciudad: *Después de hacer sus auspicios, el augur orientaba la futura ciudad tomando al sol como referencia con ayuda del instrumento llamado "groma", estableciendo así la dirección, de este a oeste, del "decúmanos" y de norte a sur del "cardo". Entonces comenzaban las operaciones de "limitatio", cuyos pintorescos detalles han retenido la atención de los antiguos. El fundador, con la cabeza cubierta por un faldón de su toga, abría con un arado de bronce enganchado a un toro y a una ternera, el surco primitivo ("sulcus primigenius"), echando hacia el interior la tierra levantada y teniendo el cuidado de, al llegar al emplazamiento de las puertas, levantar y "llevar" su arado. Haciendo esto rodeaba la ciudad, no solo de una fosa y un muro simbólicos, sino que procedía, de un extremo a otro de la línea descrita a la consagración de un espacio llamado "Pomerium", en cuyo interior estaba prohibido construir, y, en su exterior, cultivar.* (Heurgon, J. 1994, pág. 184).

Los materiales utilizados para las murallas y las puertas separan el mundo etrusco en dos áreas fundamentalmente: en el área meridional, más amenazada en general, encontramos enormes bloques de piedras colocados sin cimentar en hiladas de hasta 10 kms , como es el caso de Tarquinia. Las áreas norteñas, sin embargo, utilizaron caliza, travertino o arenisca e incluso adobe.

4.1.2. Estructuras domésticas: Casas; palacios; ajuares domésticos

Lamentablemente se sabe muy poco sobre las estructuras domésticas debido a que no se ha conservado ninguna entera; ni de las antiguas casas Villanovianas ni de las de época histórica. De las llamadas *Urnas Calabresi* de *Caere*, maquetas de carácter funerario con forma de casa del siglo VII a.C. podemos deducir estructuras más o menos rectangulares, techadas a doble vertiente y con las paredes decoradas

Bucchero etrusco   Bucchero etrusco

Bucchero etrusco

Bucchero etrusco

Bucchero etrusco

con motivos frlorales y geométricos. Al principio parece que solo tenían una estancia; después aparecieron ambientes domésticos secundarios, hasta cuatro, no más; finalmente, en las más complejas, encontramos dos ambiente: un patio a cielo abierto y detrás una serie de estancias en torno a un corredor de acceso y un amplio espacio central. En las maquetas también aparecen espacios para animales, cocinas, jardines, huertos y pozos.

Paredes y muros se construyeron en piedra, tapial o adobe sobre un basamento de piedra o toba; en ocasiones eran de madera y barro o cañas. Las techumbres, a dos vertientes, ya se ha dicho, se elevaron sobre vigas de madera: al principio se levantaron en paja, ramajes y barro y posteriormente apareció la teja.

Los palacios son bien distintos: así los describe Federico Lara Peinado: *La planimetría de estas aristocráticas residencias es totalmente diferente de la de las casas de los particulares. Las habitaciones y estancias se disponen, en el caso de los palacios, en torno a un patio cuadrangular, precedido de pórticos sobre tres de sus lados, quedando el otro exento por dar a una sala con otras dos habitaciones auxiliares, destinadas a ceremonias religiosas y de corte palatino.* (Lara Peinado, F. 2007 pág. 115).

Las pinturas de las tumbas nos dan la clave para saber qué componentes principales formaban parte del ajuar doméstico. Entre los muebles encontramos representados: mesas, sillas, escabeles, cofres y baúles, trípodes, quemaperfumes o braseros sobre ruedas. Entre los ajuares caben destacar: candelabros, candiles, lampadarios, vajillas de uso corriente y vajillas lujosas, ánforas, tazas, copas, jarros, pateras, coladores para trasvasar el aceite y el vino a recipientes estrechos de boca, objetos de tocador (ungüentarios, vasitos para perfumes, espejos, cajas de madera, fíbulas, alfileres, peines y las llamadas *Cistas*: bellísimos cofres de bronce de forma cilíndrica), armas, vasos, cántaros, cuchillos, herramientas de usos diversos, bandejas o bastones. En algunos casos se hallan minuciosamente representados: lechos, almohadas, sábanas, alfombras, alforjas y rollos de cuerda.

4.1.3. Estructuras funerarias: Tumbas y necrópolis

La tipología funeraria siempre es difícil de explicar; vamos a tratar de hacerlo de la manera más sencilla posible. Para ello hemos decidido exponer dos clasificaciones: una más pedagógica y general que va a servirnos de guía, aplicable a cualquier cultura antigua y después otra más técnica y específicamente etrusca, aceptada por la mayor parte de los especialistas.

Tipos de tumbas: (Aziz, P, 1976 págs. 219-223)

1) Tumbas-Nicho: Agujeros excavados en laderas a diversas alturas al modo de un palomar; se cerraban con tejas y variaban tanto en tamaño como en forma (rectangulares, semicirculares, cónicas etc.). Allí se alojaban las urnas cinerarias aunque en algunos casos se han encontrado inhumaciones. Su acceso era variado, Aziz sugiere estos tipos de accesos: *Se accede a ellas unas veces por un largo corredor en pendiente, otras por una escalera, otras, finalmente por un pozo más o menos profundo, en las paredes del cual están dispuestos agujeros de trecho en trecho, para facilitar el descenso apoyándose con las manos y los pies. (…)*

2) Tumbas-Cueva o fosa

2.1. Tumbas de pasillo (o galería)-Cámara: Dentro de una cueva se construye un pasillo con bancos corridos para depositar allí los cadáveres. Es el tipo más elemental.

2.2. Tumbas de habitación-Cámara o Tumba de Cámara: El pasillo se agranda hasta conseguir una forma cuadrangular o rectangular; se transforma entonces en una habitación, también llamada cámara, que se cierra por arriba, o con falsas bóvedas (también llamadas de saledizo o de aproximación de hiladas) o bien con bóvedas de medio punto o con dovelas.

2.3. Tumbas de más de una habitación-cámara: En un momento dado las cámaras más grandes se dividen en habitaciones o estancias separadas por muros; estas son las Tumbas de más de una cámara.

Ara della Regina

Ara della Regina

Necrópolis de Banditaccia (Cerveteri)

Necrópolis de Banditaccia (Cerveteri)

2.4. Grandes Tumbas de cámaras compuestas: Varias tumbas de más de una cámara se comunican entre sí mediante pasillos para crear auténticas moradas subterráneas de los muertos.

3) Estructuras exteriores: En la superficie, en el exterior, las tumbas presentan fundamentalmente dos tipos de estructuras: a) Tumular (circular) y b)Cuadrada o rectangular. Pueden aparecer aisladas, pero en muchas otras ocasiones forman auténticas estructuras urbanas con templos, santuarios o estructuras conmemorativas de diversa índole entre ellas, especialmente en lugares importantes.

La arqueología funeraria etrusca presenta la siguiente evolución:

1) En época protovillanoviana aparecen sepulturas de incineración con urnas bicónicas dentro de pozos y con algún tipo de revestimiento tumular en algunas ocasiones.

2) En la Edad de Hierro los antiguos pozos se vuelven más complejos y la incineración poco a poco es sustituida por la inhumación. Comienzan a aparecer las tumbas de fosa y posteriormente, hacia los siglos VIII-V a.C. las tumbas de cámara.

3) Las Tumbas de Cámara se hacen cada vez más y más complejas. Hacia el siglo VII a.C. aparecen las primeras muestras de la excelente ornamentación pictórica funeraria característica del mundo etrusco.

4) Hacia el siglo IV a.C. encontramos grandes hipogeos de fachadas monumentales y largos corredores con estancias secundarias.

5) En el siglo II a.C. ya las tumbas carecen de la antigua espectacularidad de sus fases previas (3 y 4); pero sin embargo, la disposición de las necrópolis adquiere un auténtico carácter urbano. Encontramos, en este período, y eso es lo más destacable, verdaderas ciudades de muertos.

Otras manifestaciones funerarias etruscas son los llamados cipos funerarios en forma de obelisco o columnas troncocónicas. La plástica

Necrópolis de Cerveteri

funeraria, también, adquiere bastante importancia manejando importantes repertorios iconográficos: leones, panteras, esfinges, animales fantásticos etc. Estas imágenes eran colocadas en las puertas de las tumbas.

Tomba del Triclinio (Cerveteri)

De entre las miles de tumbas halladas, podemos considerar las más significativas, haciendo una auténtico alarde de síntesis, las siguientes: En Tarquinia: *Tomba dei Caronti; Tombi degli Animas; Tomba del Tifone; Tomba del Cardenale, Tomba dell'Orco y Tomba degli Auguri. Y en Volsinii: Tomba Golini II y Tomba degli Hescanas.*

Por último decir que no resulta evidente,

aunque tampoco del todo descartable, en el estado actual de las investigaciones, una orientación precisa, ni de las necrópolis ni de los cadáveres.

En cuanto a los materiales arqueológicos que albergaban, tenemos la suerte de poder asistir en directo y en primera persona a la apertura de una rica tumba etrusca inviolada; las impresiones que nos narran las notas de Mengareli cuando el 13 de abril de 1910 se abrió la cámara izquierda de la *Tumba de los Morillos (Cervéteri)* nos las transcribe Jacques Heurgon:

> Cuando se hubieron retirado los bloques superiores del umbral, aparecieron sobre el suelo negro y húmedo varios objetos de oro brillante y gran cantidad de vasos y objetos dispuestos en grupos, además de pequeños vasos protocorintios con estatuillas alrededor de una capa de menudos detritus de madera descompuesta, miserables restos del sarcófago o del lecho sobre el que se había depositado la difunta. De su esqueleto, sin embargo, no quedaba nada, porque, como siempre, la acidez de la toba de Caere había destruido a lo largo de los siglos los huesos y la materia orgánica. Algunos de los pequeños vasos protocorintios colgaban aún de los clavos oxidados de las paredes. Considerando más atentamente, sin llegar a bajar, el interior de la tumba a la luz de las lámparas portátiles, se reconoció la complejidad del rico mobiliario que allí se había depositado: ornamentos de oro, pequeñas vasijas de tocador para el aceite y los perfumes que imitaban los cofrecillos de madera para guardar pequeños objetos; todo tipo de cosas que no podían estar destinados más que a una mujer para su existencia en la ultratumba donde la muerte le había llevado. Pero a estos objetos se añadían los utensilios indispensables para la cocina; finalmente todo el servicio de mesa, el mismo que se había utilizado para el banquete fúnebre en honor a la difunta: Cántaros, ánforas de vino, vasos para sacra líquidos y mezclar, tazas para beber y platos para comer. En total 109 objetos. (Heurgon, J. 1994 págs. 205-206).

4.1.4. Estructuras religiosas: Templos, santuarios, capillas y altares.

Los templos eran considerados patrimonio divino ubicado en la tierra. Estaban orientados en la mayor parte de los casos al este. Vitrubio los

Tomba delle anatre (veyes)

Tomba dii leoni ruggenti (veyes)

define como edificios de planta casi cuadrada más ancha que larga; divididos en un sector delantero y otro trasero; con columnas; tres capillas y cerrados por un tejado a doble vertiente de teja. Estaban profusamente decorados. Su tipología, desde el punto de vista arqueológico, se ha dividido tradicionalmente en cuatro fases: Fase I o preparatoria; Fase II (siglos VII-VI a.C.); Fase III (siglos IV-V a.C. y Fase IV (siglo IV a.C.).

Crocifisso del tufo (Volsinii)

Fanum voltumnae (Volsinii)

Existieron cuatro templos llamados federales, de decisiva importancia en el devenir histórico del pueblo etrusco pues allí se reunían los doce pueblos de Etruria para discutir cuestiones internacionales: El de *Volsini*, conocido como *Fanum Voltumnae*; El de Tarquinia: *Ara della Regina*; el de Veyes: *Portonacio* y por último, en *Capena*, el llamado *Lucus Feroniae*.

Los santuarios eran literalmente, espacios sagrados delimitados por dos mojones en los que, a veces, se ponía el nombre de la divinidad. Y decimos literalmente porque, en ciertas ocasiones, aparte de los mojones, dichos espacios carecían absolutamente de elemento arquitectónico alguno más allá de un altar sobre una terraza.

Se situaron en tres puntos fundamentalmente: En el interior de ciudades, en el exterior y en la campiña. Los primeros eran ubicados en lugares estratégicos o de singular importancia dentro del tejido urbano o en las puertas de acceso. Dentro de los extraurbanos existen varios ejemplos de localizaciones junto al mar aunque también a las afueras de las murallas. Entre los de la campiña destacan los catalogados como rurales, ubicados en caminos, encrucijadas, necrópolis, puntos montañosos, bosques o junto a ríos y lagos.

Existieron, además, gran variedad de capillas y altares al aire libre; se trataba de estructuras por lo general de formas redondas o cuadrangulares y orientados, en el caso de los altares, muy habitualmente al este, tal y como ocurría con los templos.

4.2. CERÁMICA

Dos son las características fundamentales de la cerámica etrusca a lo largo de su historia: la primera, su calidad técnica, fue una de las cerámicas más demandadas de la antigüedad y la segunda su poca originalidad tipológica: siempre estuvo sometida a los modelos tipológicos griegos.

Necrópolis de Colle Baroncio (Vetulonia).

Necrópolis de Norchia

Necrópolis de Poggio Alla Guardia
(Vetulonia)

Puerta de Volterra (Volterra).

4.2.1. Edad del Bronce y Épocas Previllanoviana y Villanoviana (1800-900 a.C.)

Durante la Edad del Bronce encontramos una Cerámica pobre; hecha a mano; con impasto (arcilla no depurada) oscuro; decorada con sencillos motivos geométricos y de uso plenamente domestico.

En los horizontes siguientes Previllanoviano y, sobretodo Villanoviano va ganando en calidad; las piezas aumentan de mayor tamaño; adquieren formas bitroncocónicas o de cabañas circulares o cuadrangulares y son de uso fundamentalmente funerario (para contener las cenizas del difunto). Algunas son rematadas, a modo de tapa, con formas de escudilla, para los restos femeninos y de yelmo para los masculinos.

4.2.2. El Periodo Orientalizante (siglos VIII-VI a.C.)

De la mano de la influencia griega, los etruscos conocen el torno del alfarero; nuevas técnicas de depuración de las pastas y empiezan a adquirir el gusto por la policromía. Encontramos una mayor producción cuantitativa y nuevas formas tipológicas tales como los vasos canopos; descritos así por Federico Lara Peinado: *Tales urnas consistían en un pequeño contenedor de forma más o menos ovoidea, hecho de impasto bucchero* (luego hablaremos del bucchero)*y raramente bronce, que se recubría con una tapadera en forma de cabeza humana, trabajada con todo cuidado hasta los menores detalles. Andando el tiempo se añadirían, para humanizar más aquellos recipientes, pequeños brazos sobre el cuerpo de la urna.* (Lara Peinado, F. 2007 págs. 357-358).

Encontramos seis grupos cerámicos esencialmente a lo largo de toda la geografía etrusca en este periodo: 1) *Grupo etrusco geométrico*: se intentó copiar, tanto en la tipología como en los temas pictóricos, sus modelos griegos contemporáneos; su centro más importante es Tarquinia. 2) *Grupo etrusco orientalizante*: más de influencia oriental, crea tipos pictóricos zoomorfos nuevos; Caere sobresale en este tipo de cerámica. 3) *Grupo etrusco corintio*: Imitando la cerámica corintia;

Romba del Príncipe (Veyes)

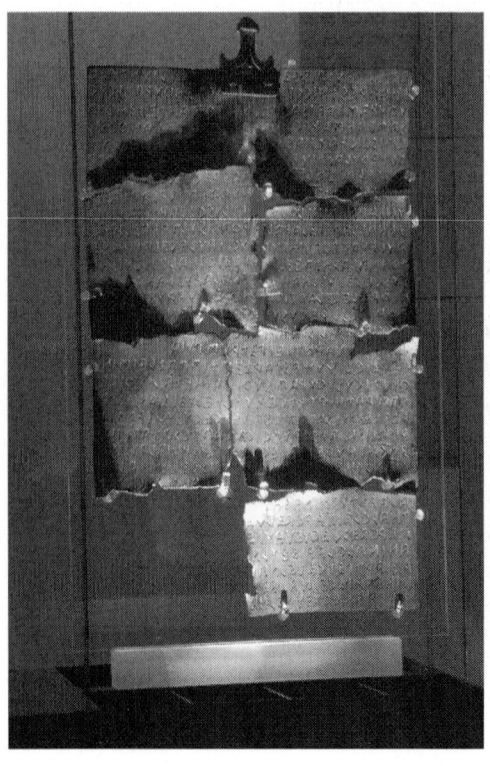

Tabula Cortonensis
(Cortona)

destacan las ciudades de Tarquinia, Vulci, Veyes y Caere. 4) *Grupo Etrusco de figuras negras*: Imitan las pinturas de figuras negras de ática.; surge tras la desparición del grupo etrusco corintio. 5) *Grupo de los vasos pónticos de Vulci*: caracterizado por composiciones abigarradas y coloristas y 6) *Grupo della Tolfa y Della Foglia d'Edera*: cuyos máximos exponentes son la célebre Kylix de la Nave de Dionísios (Vulci) y la soberbia Crátera *François*.

4.2.3. LA CERÁMICA *BUCCHERO* (SIGLOS VII-V A.C.)

Derivado del español "búcaro" con este nombre se conoce a la más típica cerámica etrusca, particular por su arcilla, por sus decoraciones y por su tipología. Encontramos cinco categorías de Cerámica de Búcchero: 1)*Bucchero sutile*: tonalidades negras, paredes muy delgadas, superficies brillantes y decoración a base de incisiones o estampillas. 2)*Bucchero de transición*: paredes más gruesas, y decoraciones a base de incisiones, puntillados e impresiones de sellos cilíndricos. 3) *Bucchero pesante*: paredes gruesas, pastas grises y sobrios elementos decorativos en relieve y molde. 4)*Bucchero* gris compacto o *Bucchero spesso* y 5)*Bucchero Rosso*: grandes vasos de paredes robustas.

Los motivos decorativos fundamentales son los siguientes: 1) Motivos no figurativos: geométricos, incisos, en relieve, palmetas puntilladas, hendidas y talladas. Y 2) Motivos ornamentales: son numerosísimos; caben destacar: *Potnia Teron* (señora de los animales), composiciones mitológicas (Teseo, Heracles, Belerefonte, Aquiles etc.) e inscripciones (marcas de propiedad).

4.2.4. El Período Arcaico (siglos VI-IV a.C.)

Del siglo VI a.C. es la época en la que se copiaban los tipos de la cerámica griega de figuras negras: como pintores destacan: *Pittore di Micali, Pittore del Vaticano, Pittore di Kyknos* y el *Grupo di Kape Mukathesa*. En el siglo V a.C. se pasa a copiar la cerámica griega de figuras rojas y, por último, en el siglo IV a.C. la cerámica griega de tonalidades blancas.

4.2.5. El Período de Decadencia (siglos IV-II a.C.)

La calidad de las cerámicas se va perdiendo y los tipos se van estandarizando. Se comienzan entonces a sustituir las decoraciones figurativas por decoraciones geométricas. En el siglo II a.C. desaparece en su totalidad la cerámica etrusca como tal siendo sustituida por la llamada *cerámica de Campania*, de un potente brillo negruzco metálico.

4.3. LAS DOCE CIUDADES DE LA *LIGA ETRUSCA*
4.3.1. Ciudades de la Etruria Meridional
4.3.1.1. Vei(s) ó Veia (Veyes)

Está situada unos 17 km al norte de Roma con la que, históricamente, tuvo muchos enfrentamientos. Quedan muy pocos restos de época etrusca: un potente muro del siglo VI a.C. y las bases de sus cinco templos. Veyes se constituyó sobre cinco enclaves Villanovianos de los que solo se han localizado sus necrópolis. Las más destacadas son: *Quattro Fontanilli-Vaccareccia; Grotta Gramicia; Cassale del Fosso y Valle della Fatta.*

Cercanas a la ciudad se encuentran otras necrópolis *Riserva del Bagno* y *Monte Michele*, con estupendos ejemplos de tumbas: De *Riserva del Bagno*, caben destacar: *Tomba delle Anatre* (siglo VII a.C.) y la *Tomba di Leoni Ruggenti*. De la segunda *Monte Michele*, caben destacarse: *Tomba Campana* (siglo VII a.C.) y *Tomba del Principe*.

4.3.1.2. Ceisra, Kaiseri y Chaisrie (Cerveteri)

Está situada a unos 45 km de Roma y a 6 km de la costa. Tenía esta ciudad tres importantes puertos habitualmente visitados por cartagineses, griegos y orientales: *Pyrgi, Punicum* y *Alsium* y otros dos de importancia menor: *Castellina* y *Fregenae*. La prosperidad le vino gracias a la explotación de minerales en los montes de la tolfa. Llegó a estar esta ciudad profundamente helenizada y mantuvo unas intensas relaciones culturales y económicas con Roma.

Los restos arqueológicos se *Cerveteri* son muchos y muy importantes: aparecen grandes cantidades de cerámicas y los restos de dos edificios datados hacia el siglo V a.C. uno de planta elíptica con gradas y abierto al cielo, probablemente se tratara de un lugar para llevar a cabo ceremonias, reuniones o espectáculos de diversa índole y el segundo es, sin lugar a dudas, un templo de tres *Cellae* orientado al norte y que fue añadido a una casa artistocrática.

Encontramos también diversas necrópolis. Cinco son las más importantes: *Monte Abatone, Sant'Angelo, Cava della Pozzolana, Monte Tosto* y *Banditaccia*. La última es, sin duda, la más importante; allí han aparecido centenares tumbas y muchas de ellas son consideradas como obras maestras de la arqueología etrusca, podríamos citar, sin ánimo de ser exhustivo, las siguientes: *Tomba della Campana, Tomba degli Scudi e delle Sedie, Tomba delle Cinquie Sedie, Tomba dei Rilievi, Tomba del Triclinio, Tomba dei Sarcofagi, Tomba delle Inscrizioni, Tomba dell'Alcova* y *Tomba Regolioni-Galassi*.

Monte Abatone posee también importantes tumbas tales como *Tomba Martini-Marescotti, Tomba Torlonia* y *Tomba Campana*.

4.3.1.3. *Tarchma y Tarchuna* (Tarquinia)

Está ubicada a 8 km del mar, su puerto principal, *Gravisca*, conoció una importantísima presencia griega, de hecho allí, en el año 570 a.C. se fundó un importante santuario heleno. Otros puertos secundarios de los que la ciudad gozó fueron *Martanum* y *Rapinum*.

Desde el punto de vista arqueológico se deben destacar los restos de sus murallas y de algunos edificios así como su grandioso templo conocido como *Ara della Regina*. También encontramos en sus alrededores abundantísimos restos de numerosas y vastas necrópolis con una tipología funeraria extraordinariamente rica.

Tomba degli auguri (Tarquinia)

Tomba degli auguri (Tarquinia)

Tomba degli Scudi (Tarquinia)

No se deben despreciar tampoco la extraordinaria calidad de las pinturas que decoran las tumbas, por poner unos ejemplos: *Tomba di Bocchoris, Tomba delle Pantere, Tomba dei Tori, Tomba dell' Orco I, Tomba degli Scudi, Tomba del Tifone, Tomba degli Auguri, Tomba del Triclinio, Tomba delle Olimpiadi, Tomba dei Leopardi, Tomba delle Leonesse, Tomba delle Bighe, Tomba delle Nave, Tomba della Caccia e della Pesca, Tomba dei Giocoleri, Tomba del Barone* y *Tomba del Letto Funebre.* Todas estas tumbas estuvieron enriquecidas con abundantísimo material cerámico y extraordinarios ejemplos de sarcófagos de piedra, mármol y alabastro. La presencia de elementos importados de fenicia, Grecia y oriente demuestra que se trató de un importantísimo enclave comercial.

4.3.1.4. Velcha (Vulchi)

En tiempos Proto Villanovianos y Villanovianos tuvo un extraordinario auge. Hacia el siglo VIII a.C. se convirtió en una importantísima metrópoli etrusca pero la mayor parte de los restos urbanos encontrados

Tumba françois (Vulci)

Tumba françois (Vulci)

son de época tardía (siglo IV a.C.) Vulci destacó fundamentalmente por su gran actividad artesanal en bronce y por sus cerámicas.

Encontramos, sin embargo, algunas tumbas anteriores (siglo VII-VI a.C.) entre las que cabe destacarse la *Tomba del Carro di Bronzo*. De época algo posterior (siglos VI-V a.C.) son las necrópolis de *Pocggio Maremma, Cavalupo, Osteria (Tomba del Guerriero y Tomba della Panatenaica), Polledara, Ponte Rotto* y *Pote Sodo*. Y Ya de épocas tardías (siglos V-III a.C.) encontramos la *Tomba Cuccummella, Tomba*

Tumba françois (Vulci)

dei Prusinas, Tomba dei Tutes, Tomba dei Tarnas y Tomba dei Tetnies. Pero sin lugar a dudas, el hallazgo más espectacular es la famosísima e impresionante *Tumba François*, compuesta de una gran cámara y siete salas todo decorado con pinturas que narran leyendas griegas y de testimonios históricos etrusco-romanos.

4.3.1.5. *Velzna o Velzu* (Volsinii)

En esta ciudad, identificada por K.O. Muller con la actual Orvieto, se ubicaba el celebérrimo *Fanun Voltumnae*, templo federal del dios Voltumna donde se reunían anualmente las doce ciudades de la liga para tratar asuntos de política exterior. Se ha de puntualizar que, hasta la fecha, no se ha demostrado de forma lo suficientemente consistente la existencia de este templo.

En la actual Orvieto y sus alrededores se han encontrado numerosos restos arqueológicos: al menos seis templos (algunos periféricos y extraurbanos); mucho material epigráfico, cerámicas y bronces.

La presencia de necrópolis también es notable; caben destacar: 1) *Crocifisso del Tufo*, auténtica ciudad de los muertos. Allí encontramos una tipología funeraria curiosa; las llamadas *Tumbas a Dado* (siglos VI-V a.C.) de planta rectangular, cámara única y coronadas con cipos o estelas. 2) *La Cannicella*, muy anterior cronológicamente hablando donde encontramos un santuario donde se localizo la famosa *Venus della Caccinella* y una excelente tumba: *Tomba del Guerriero*. Mucho más tardías son 3) *Settecamini* (*Tomba Golini I y Golini II*) y 4) *Castell Rubello* (*Tomba degli Hescanas*).

4.3.2. Ciudades de la Etruria Septentrional
4.3.2.1. *Vatluna o Veltuna o Vetalu* (Vetulonia)

De su antigua estructura solo quedan pequeños restos de sus dobles murallas. A sus alrededores se han encontrado restos de extensísimas necrópolis tanto villanovianas como orientalizantes con tumbas de muy diversas tipologías. (*Poggio alla Guardia, Pocggio alle Birbe, Colle Baroncio o Costa delle Dupiane*). Destacan, por encima de todas, dos tumbas: *Tomba del Tridente*, que aportó una enorme cantidad de bronces y el *Tumulo della Pietrera*, lugar de origen de las más antiguas esculturas etruscas en piedra.

4.3.2.2. *¿Rusle?* (Ruselas)

Los restos arqueológicos de Ruselas son de los mejor conservados del mundo etrusco. Murallas con, hasta siete puertas de acceso muy bien conservadas; gran número de viviendas y una estructura arquitectónica excelentemente conservada; tumbas villanovianas; su necrópolis y, como hallazgo destacable, un edificio de planta rectangular tipo *Tholos*.

Tomba della Quadriga Infernale (Chiusu)

Tomba della Scimmia (Chiusu)

Tomba della Scimmia (Chiusu)

4.3.2.3. Per(u)sna o Persnach (Perugia)

No existe, en esta ciudad, el menor vestigio de arqueología villanoviana ni orientalizante, pero sí ha facilitado estupendos ejemplos de arqueología etrusca de épocas posteriores: urnas cinerarias espectaculares, estatuillas de bronce, restos de ruedas y trípodes.

Encontramos algunos hipogeos sueltos no vinculados a necrópolis alguna, de notable interés y que pertenecieron a familias etruscas ilustres (*Rufia, Noforsina, Tetinia* o *Volummi*) y una necrópolis (*Palazzone*) de poca entidad

4.3.2.4. Clevsin o Camars (Chiusi)

De la época pre-etrusca, encontramos, esparcidos por su amplísimo territorio, abundante materia Villanoviano. Lo más destacado son las Necrópolis de *Poggio Rienzo* y de *Tolle-La Foce*, donde se encontró la célebre estatua de la *Mater Matuta*.

De época etrusca, por el contrario, se conservan pocos restos: algunos fragmentos de murallas y algunas tumbas, si bien, con importantes pinturas en ellas; caben destacarse la *Tomba della Scimmia* o la soberbia *Tomba della Quadriga infernale*. Del siglo VI a.C. y de la necrópolis de *Fonte Rotella* proceden una de las piezas más conocidas de cerámica griega de figuras negras el *Vaso François*. La ciudad también es conocida por el hallazgo de la famosísima estatua-cinerario conocida como *Mater Matuta*.

4.3.2.5. Curtun (Cortona)

Destacó esta ciudad sobretodo como ciudad manufacturera de bronce. Del siglo V a.C. son sus mejores restos: las potentes murallas. Sus importantes necrópolis *Camucia, Sodo I y II* y *Piaggette* son tardías; del siglo II a.C.; de época romana por tanto. De los siglos III-II a.C. es un excepcional hallazgo la *Tabula Cortonensis*, (siglos III-II a.C.) importantísimo documento de carácter jurídico.

4.3.2.6. *Aritim / Arretium* (Arezzo)

Será esta ciudad, según cuenta la tradición, por su importantísima riqueza agrícola, una de las más importantes de la etruria septentrional a partir del siglo V a.C. Es aquí donde encontramos dos importantísimas esculturas: la famosa *Quimera de Arezzo* y la estatua de *Menrva*, de estilo griego. Fue también un importantísimo emporio de cerámica y terracota con sus 125 talleres, como mínimo, documentados.

4.3.2.7. *Velathri* (Volterra)

Fue otro importantísimo enclave agrícola, metalúrgico y artístico; gran centro exportador de todo tipo de productos. De las poderosísimas murallas de los siglos VI-V a.C. quedan dos sublimes puertas: la Puerta de Diana y la Puerta del arco (reconstruida en el siglo III a.C.) pero sin duda, desde el punto de vista arqueológico, lo más importante de esta ciudad son los restos de sus innumerables necrópolis de diversas épocas desde Villanovianas hasta romanas (cabe decir que no han aparecido hasta la fecha, ejemplos de la época orientalizante; dato curioso este), que han proporcionado abundantes materiales de todo tipo. Las tumbas más destacadas son: *Grotta dei Marmini*, *Tomba degli ceicna* y *Tomba Inghirami*. Las piezas arqueológicas más relevantes halladas aquí son: Las estelas de *Avile Tite* y *Larth Tharnie* (siglo VI a.C.) y la *Testa Lorenzini* (siglo V a.C.).

4.4. OTRAS CIUDADES
Y ENCLAVES ARQUEOLÓGICOS DE IMPORTANCIA
4.4.1. *Etruria Meridional*
4.4.1.1. *Palestrina*

Se sabe muy poco y quedan pocos restos de su época etrusca. Se han encontrado fragmentos de diversas estructuras monumentales y una necrópolis que ha facilitado materiales de importancia: cistas,

Tomba Castellani (Palestrina)

Tomba Castellani (Palestrina)

Tomba degli Hescanas (Volsinii)

Tomba degli Hescanas (Volsinii)

Tomba Golini (Volsini)

espejos broncíneos y otros. Las tumbas completas más importantes son: *Bernardini, Barberini, Castellani y Galeassi.*

4.4.1.2. Necrópolis Rupestres del triángulo Volsinii-Vitervo-Tarquinia

Las tumbas que conforman este triángulo pertenecen todas ellas a diversas necrópolis de ciudades agrícolas, ganaderas y, en menor grado, mineras. La tipología funeraria es de lo más variada. Destacan las siguientes:

Tomba Golini (Volsini)

4.4.1.2.1. *Axia:* contiene unas setenta tumbas tipo "dado" y ha aportado además abundantes terracotas. Las tumbas principales son: *Tomba Orioli* y *Tomba Grande.*

4.4.1.2.2. *Norchia:* además de restos de su muralla y de dos puertas de acceso, encontramos una impresionante necrópolis datada entre los siglos IV-III a.C. destacan, Entre las tumbas tipo dado: *Tombe Doriche Tomba delle Tre Teste, Tomba a Camino, Tomba Ciarlanti,*

Tomba Prostila y entre las tumbas de grandes familias: *Tomba Ziluse, Tomba Smurinas, Tomba Churcle* y *Tomba Lattanzi.*

4.4.1.2.3. *Blera:* A unos 15 kilometros de *Norchia* conserva algunos fragmentos de sus murallas y más de un millar de tumbas de diversas tipologías fechables entre los siglos VII-V a.C. Destacan entre ellas: *Grotta Dipinta, Tomba della Sfinge, Grotta Porcina, Tomba Rosi, Tomba Costa, Tomba Cima, Tomba del Cervo* y *Tomba della Reina.*

Tomba Golini (Volsini)

4.4.1.2.4. *San Giovenale:* se trata de un antiguo *Oppidum* con una estratigrafía villanoviana y etrusca. A las afueras del yacimiento encontramos los únicos restos de un puente etrusco conocidos y su necrópolis, con diversas tumbas de cronología orientalizantes y arcaica.

4.4.2. Etruria Septentrional
4.4.2.1. *Papluna, Pufluna y Fufluna* (**Populonia**)

Solo conservamos de sus estructuras algunos tramos de murallas dobles datadas entre los siglos VI-IV a.C. De las tumbas de tipo villanoviano, agrupadas en varias necrópolis destacan: *Tumulo dei Flabelli, Túmulo delle Oreficerie, Tomba dei Carri y Tomba dei Letti Funebri.* De épocas ya posteriores, a partir del siglo VII a.C. la *Tomba di un Oferente.* Denominada así por la estatuilla allí encontrada.

Tomba del carri (Populonia)

4.4.2.2. Fiésole

Sobre unos restos villanovianos esta ciudad etrusca fue fundada en el siglo VI a.C. Conservamos algunos vestigios de sus sólidas murallas y los restos de un templo de tres *cellae* datado en el siglo III a.C. Destacó esta ciudad en la producción de cipos esféricos y bulbosos así como de estelas funerarias (estela de *Larth Ninie*) de diversas tipologías. De ambos elementos tenemos representaciones importantes todo a lo largo de su territorio.

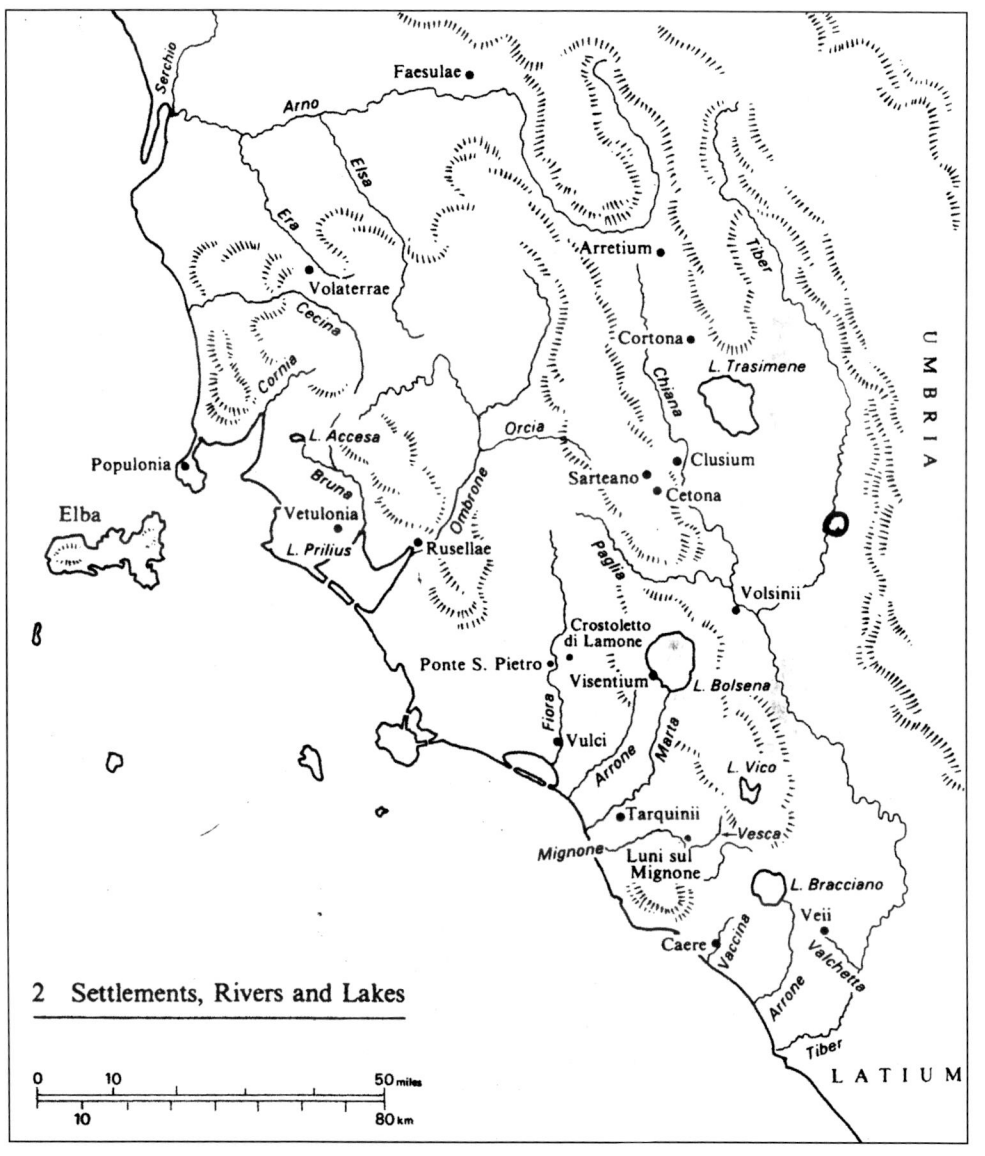

2 Settlements, Rivers and Lakes

Asentamientos, ríos y lagos etruscos

I

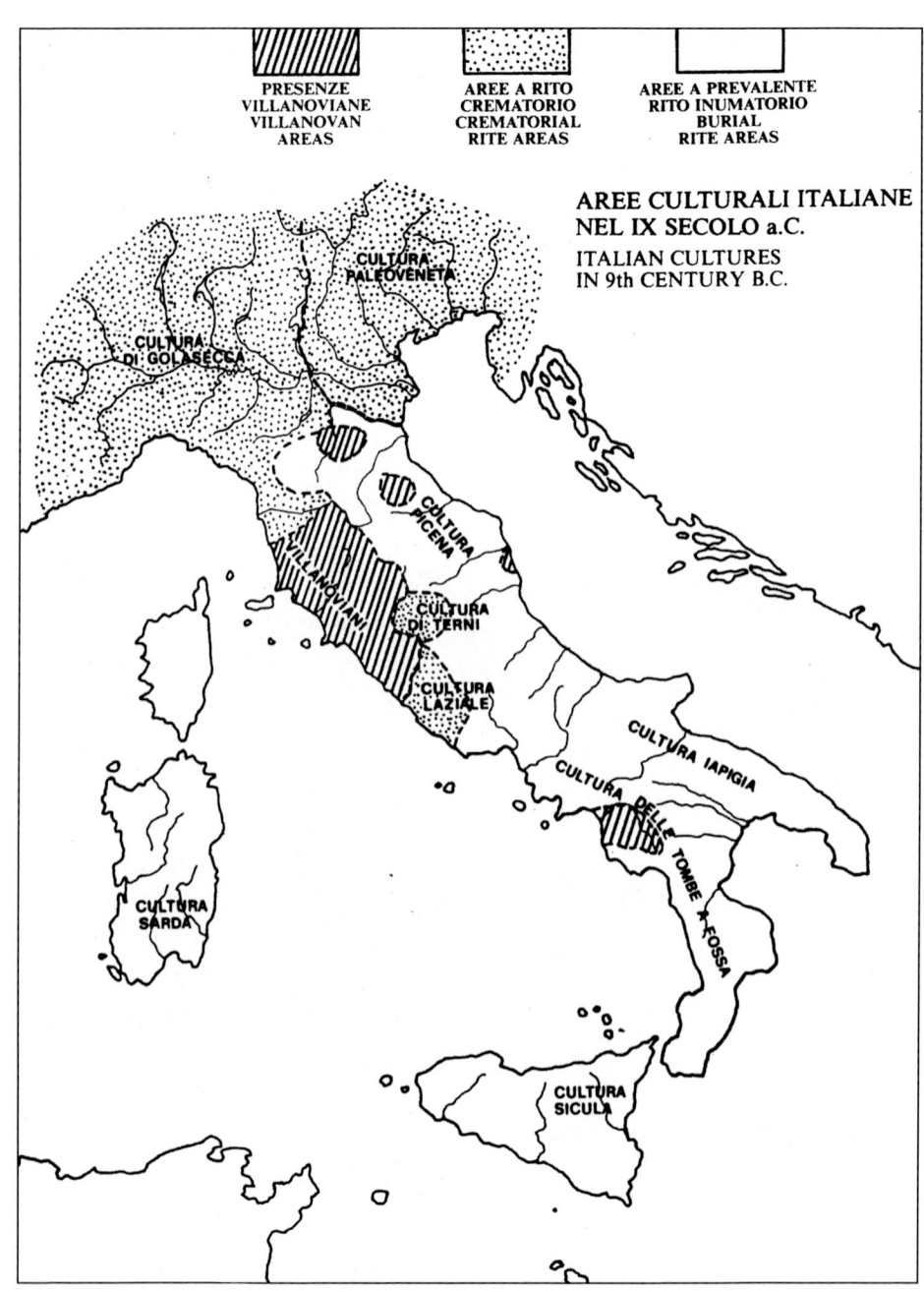

PRESENZE VILLANOVIANE VILLANOVAN AREAS

AREE A RITO CREMATORIO CREMATORIAL RITE AREAS

AREE A PREVALENTE RITO INUMATORIO BURIAL RITE AREAS

AREE CULTURALI ITALIANE NEL IX SECOLO a.C.
ITALIAN CULTURES IN 9th CENTURY B.C.

CULTURA PALEOVENETA

CULTURA DI GOLASECCA

CULTURA PICENA

VILLANOVIANI

CULTURA DI TERNI

CULTURA LAZIALE

CULTURA IAPIGIA

CULTURA DELLE TOMBE A FOSSA

CULTURA SARDA

CULTURA SICULA

Áreas culturales de la Italia del siglo IX a.C

II

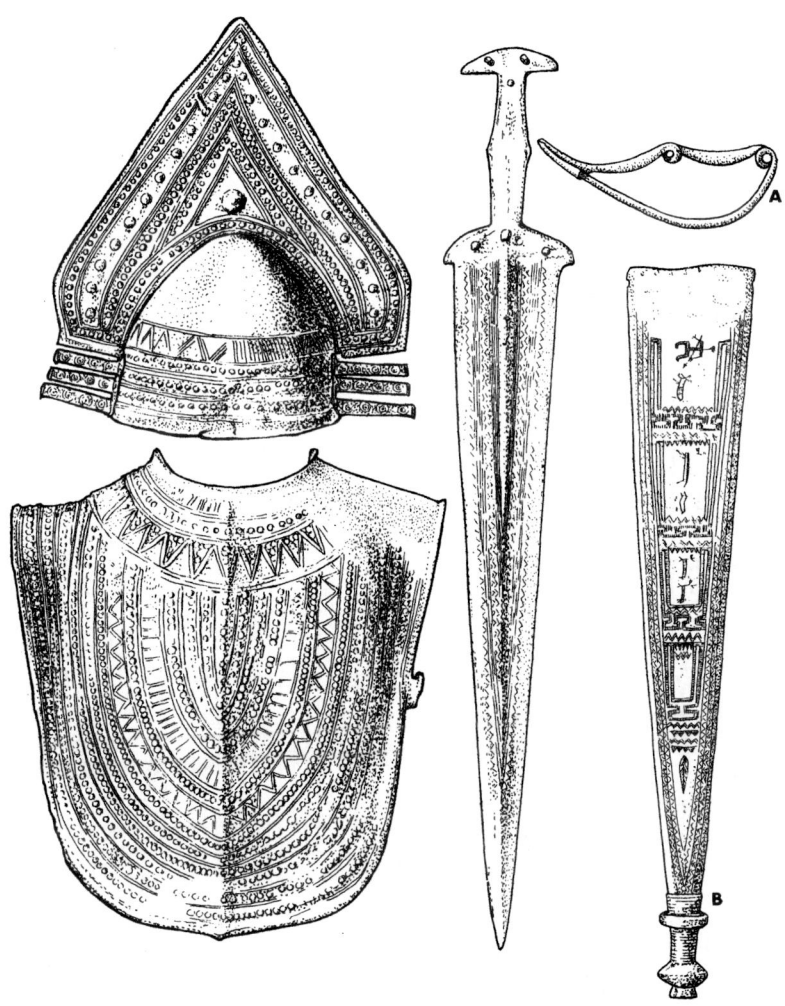

Yelmo, conselete, puña y fíbula de época villanoviana.
(Tomado de E. McNamara)

III

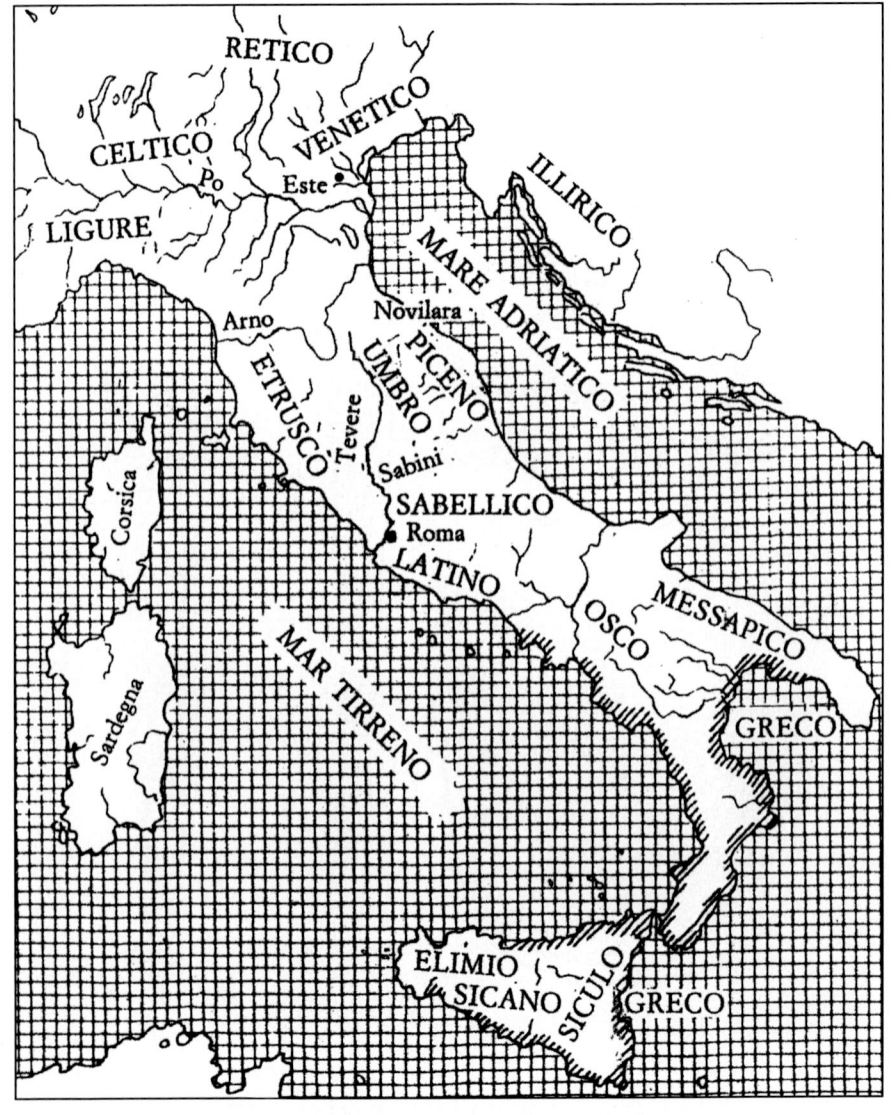

Principales lenguas de la Italia antigua

IV

Tomba dei Rilievi. Caere. Creative Commons

Templo del Ara della Regina. Tarquinia

Urna de *impasto*

VI

Sarcófago de Arnth Velimnas. *Tumba dei Volumni*. Perugia.
Creative Commons

VII

Porta dell'Arco. Volterra. Creative Commons

VIII

Trono Corsini. (Galeria Corsini, Roma)

Tomba François, Vulci. Sacrificio de prisioneros troyanos

X

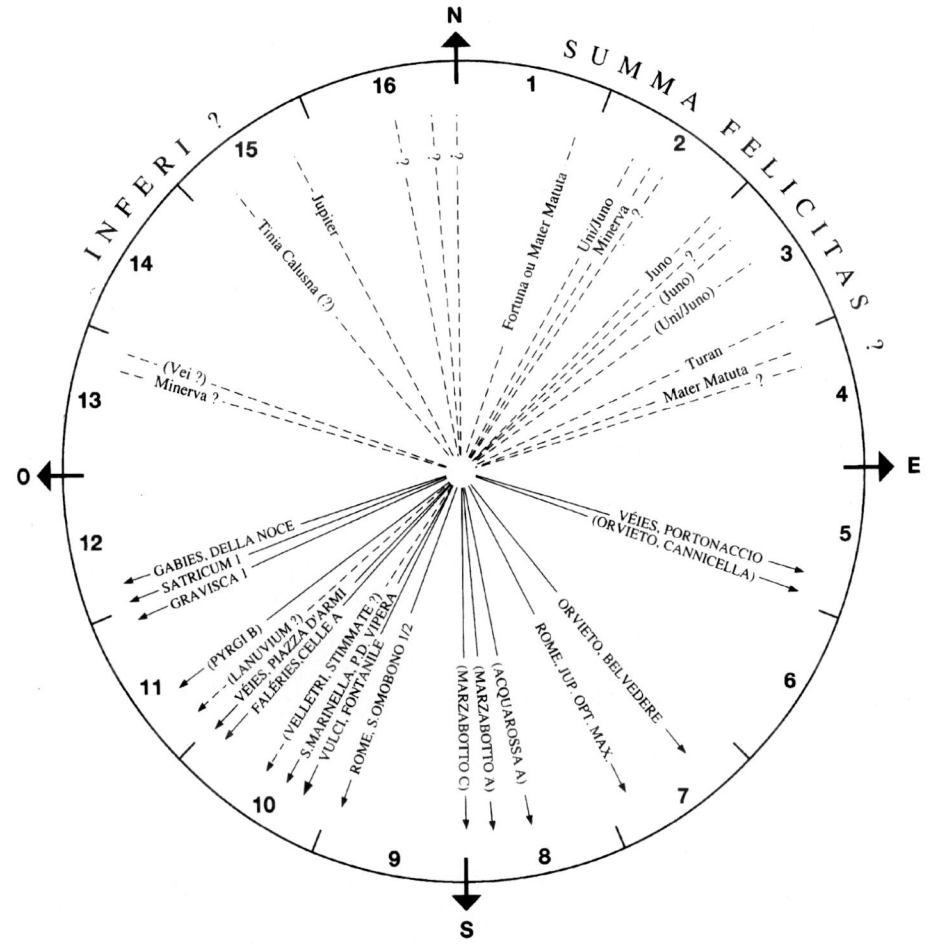

Orientaciones de los templos etrusco-itálicos. (Según F. Prayton)

XI

Diosa del Santuario de Pyrgi. (Museo de Villa Giulia, Roma).
Creative Commons

XII

Askos de *impasto* decorado con caballero.
Museo Arqueológico, Bolonia)

XIII

Augur etrusco. Isola di Fano. (Museo Arqueológico, Florencia)

XIV

Vel Saties y su servidor Arntha. Tomba François. Vulci

XV

Carro de Monteleone. Spoleto. (Metropolitan Museum, NuevaYork). Creative Commons

Estela de *Larth Ninies*. Fiésole

XVII

Cabeza de guerrero, Orvieto. (Museo Arqueológico, Florencia)

XVIII

Crátera de Aristonotos. Caere. (Museos Capitalinos.
Palazzo dei Conservatori. Roma). Creative Commons

XIX

Tapa del sarcófago de *Ramtha Viśnai*. Vulci.
(Museum of Fine Arts, Boston)

XX

Tapa del sarcófago de *Larth Tetnie*. Vulci.
(Museum of Fine Arts, Boston)

XXI

Peine de marfil. Marsiliana d'Albegna

Música y danza. *Tomba dei Leopardi*. Tarquinia

XXII

Urna de Montescudaio

XXIII

Sítula de Bisenzio. (Museo de Villa Giulia, Roma)

Pugilistas de la *Tomba degli Auguri*. Tarquinia

Labrador. Bronce de Arezzo. (Museo de Villa Giulia, Roma)

Tomba della Caccia e della Pesca. Tarquinia

XXV

Kotýle de oro. *Tomba Bernardini*. (Museo de Villa Giulia, Roma)

Loba Capitolina (Museo Capitolino. Palazzo dei Conservatori, Roma)

XXVI

La *tagliata etrusca* de Ansedonia

XXVII

Apolo, obra de Vulca de Veyes. (Museo de Villa Giulia, Roma)

XXVIII

Apollo dello Scasato. Falerii. (Museo de Villa Giulia, Roma).
Wikimedia Commons

XXIX

Mater Matuta. Chianciano. (Museo Arqueológico, Florencia). Di Sailko - Opera propria, CC BY 3.0, https://commons.wikimedia.org/w/index.php?curid=70526853

XXX

Fragmento del *Trono de Claudio*. (Museo de Letrán, Vaticano)

XXXI

Aquiles achechando a Troilo. Tomba dei Tori

Lateral del Sarcófago de las Amazonas. Tarquinia
(Museo Arqueológico, Florencia)

XXXII

Carrito de Bisenzio. (Museo de Villa Giulia, Roma)

Fíbula de dragón, conocida como *Fíbula Corsini*.
(Museo Arqueológico, Florencia)

XXXIII

Vaso François. (Museo Arqueológico, Florencia) By Sailko - Treball propi, CC BY-SA 3.0, https://commons.wikimedia.org/w/index.php?curid=32260033

XXXIV

Estatuilla de *Culśanś*. Cortona By Sailko - Own work, CC BY-SA 4.0,
https://commons.wikimedia.org/w/index.php?curid=94601703

XXXV

Vanth figurada como Furia (Museo Británico, Londres)

XXXVI

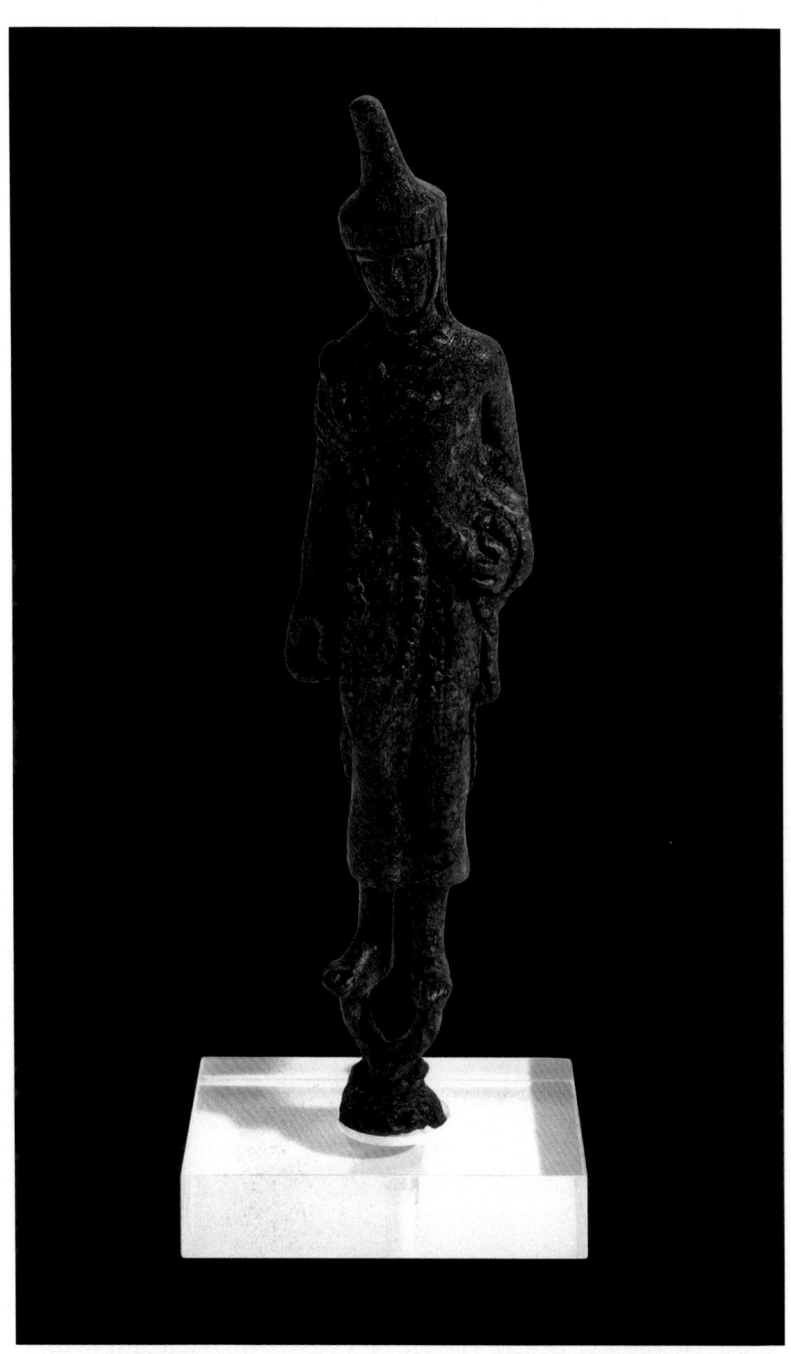

Arúspice etrusco. (Museo Gregoriano Etrusco, Vaticano)

XXXVII

Sarcófago de *Laris Pulenas*. (Museo Arqueológico, Tarquinia)
De VIANDUVAL - Este archivo deriva de: 296. Sarcophage de Laris
Pulena (ou du magistrat) 2è av.JC.jpg, CC BY-SA 4.0, https://commons.
wikimedia.org/w/index.php?curid=66214492

Detalle del sarcófago de *Laris Pulena*s. De VIANDUVAL - Este archivo deriva
de: 296. Sarcophage de Laris Pulena (ou du magistrat) 2è av.JC.jpg, CC BY-
SA 4.0, https://commons.wikimedia.org/w/index.php?curid=66214492

El *mundus* de la acrópilis de Marzabotto

Difunto banqueteando. Urna de Volterra. (Museo Guarnacci, Volterra).
https://commons.wikimedia.org/wiki/User:Sailko

Sarcófago de *Velthur Partunus*. (Museo Arqueológico Nacional, Tarquinia)

Tomba degli Auguri. Tarquinia. Wikimedia Commons

Alfabeto etrusco en un vaso de *bucchero*. Viterbo.
(Metropolitan Museum, Nueva York)

XLI

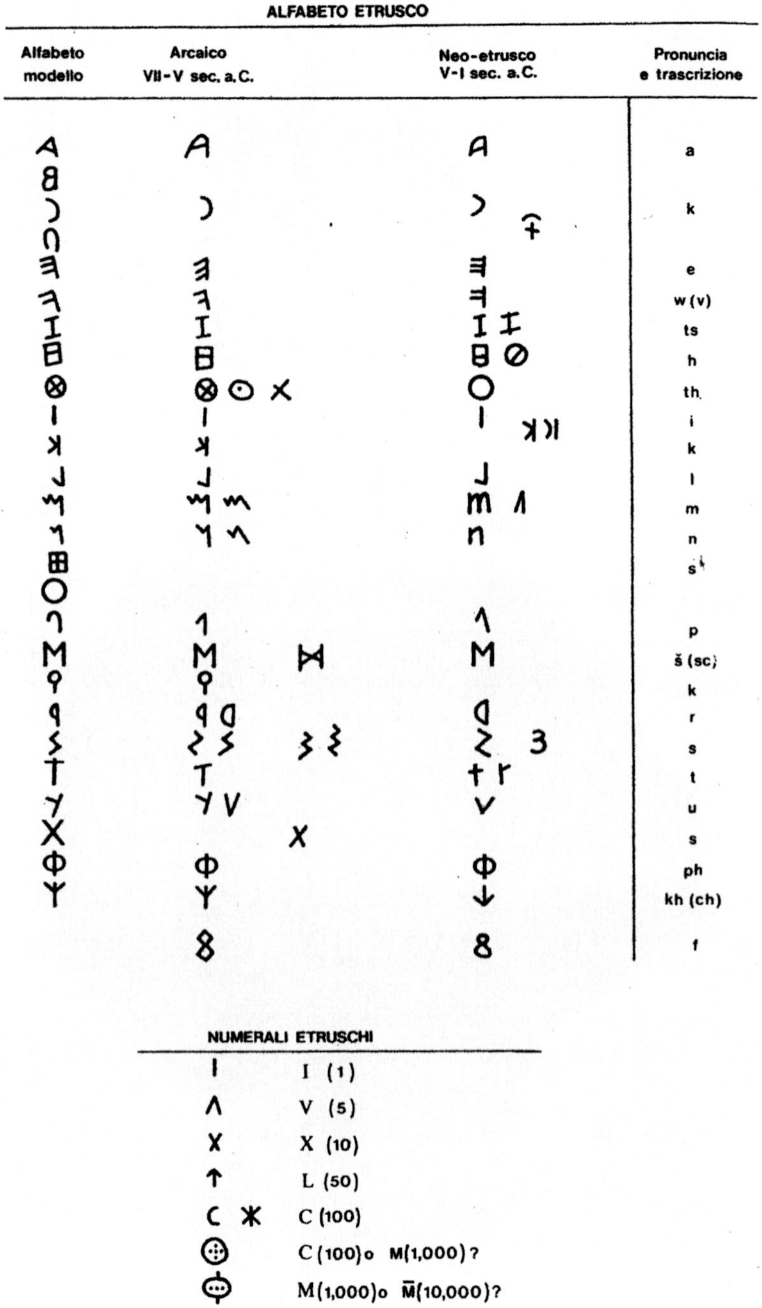

ALFABETO ETRUSCO

Alfabeto modello	Arcaico VII-V sec. a.C.	Neo-etrusco V-I sec. a.C.	Pronuncia e trascrizione
			a
			k
			e
			w (v)
			ts
			h
			th
			i
			k
			l
			m
			n
			s
			p
			š (sc)
			k
			r
			s
			t
			u
			s
			ph
			kh (ch)
			f

NUMERALI ETRUSCHI

I	I (1)
Λ	V (5)
X	X (10)
↑	L (50)
C ✷	C (100)
⊛	C (100) o M(1,000)?
⊕	M(1,000) o M̄(10,000)?

Tabla de los alfabetos y cifras etruscos. (*Thesaurus Linguae Etruscae*)

XLII

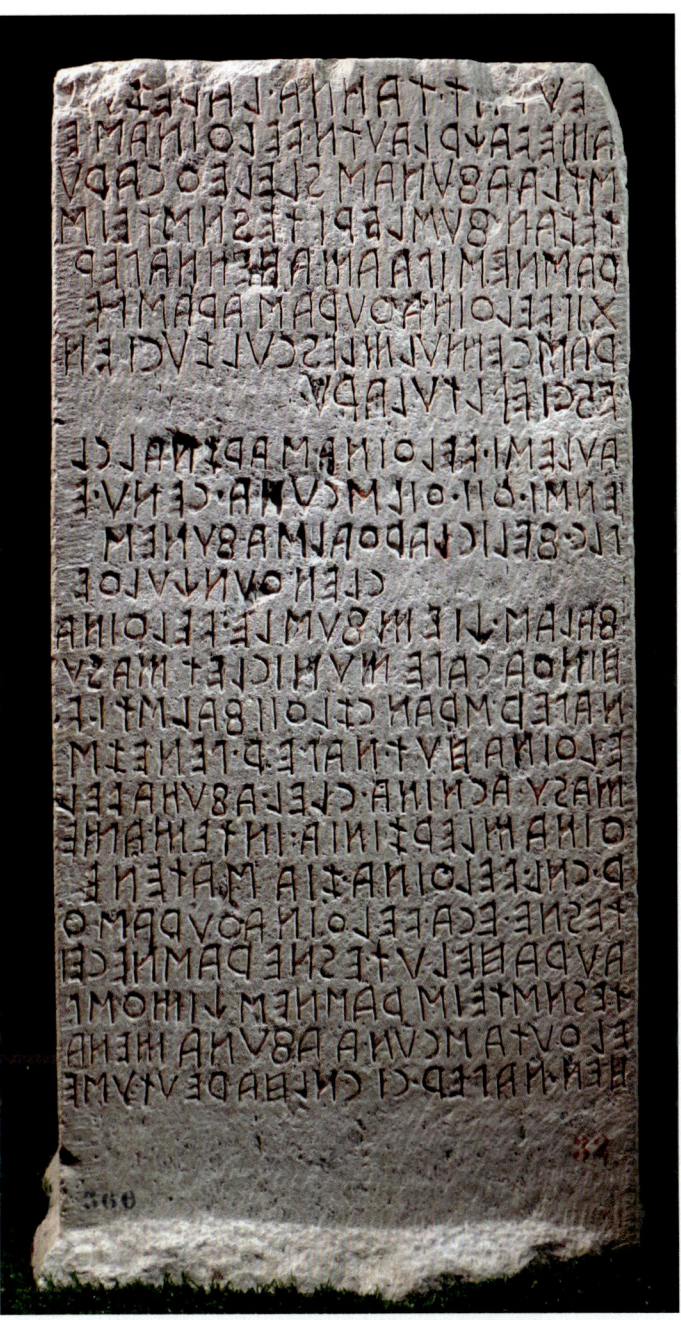

Cipo de Perugia (cara delantera). De Sailko - Trabajo propio, CC BY-SA 4.0, https://commons.wikimedia.org/w/index.php?curid=51673403

XLIII

Cipo de Perugia (cara lateral)

XLIV

5

La escritura Etrusca

Antes de empezar lo conveniente es oír el etrusco; aquí. Jacques Heurgon nos transcribe en su libro tres epitafios de tarquinia:

1. *Larth Avles clan avils huth muvalchls lupu (Larth, hijo de Aulus, murió a los cincuenta y cuatro años).*
2. *Velthux Larisal clan Cuclnial Thanchvilus lupu avils XXV (Velthur, hijo de Laris y de Tanaquil Cuclni, murió a los veinticinco años)*
3. *Larth Arnthal Plecus clan Ramthasc Apatrual eslz zilachthas avils thunem muvalchls lupu. (Larth hijo de Arnth (=Arruns) Placu y de Ramtha Apatrui, habiendo sido dos veces pretor, murió a los cuarenta y nueve años).* (Heurgon, J. 1994 págs. 32-33).

5.1. CARACTERÍSTICAS DE LA LENGUA ETRUSCA

Lo primero que se debe decir es que la lengua etrusca no ha sido del todo descifrada, se lee perfectamente pero no se traduce del todo, si bien, no podemos decir que un futuro esclarecimiento total vaya a aportar mucha más información. Contamos con unas

13.000 inscripciones etruscas y la mayoría son breves y prácticamente transparentes en su interpretación; encontramos cortos epitafios, marcas de propiedad, textos votivos con fórmulas de diverso tipo muy estereotipadas y textos didascálicos, es decir, nombres propios de personajes figurados sobre diversos soportes (cerámicas, espejos, vasos etc.) fundamentalmente. Los textos más largos que se conocen son cuatro: *Liber linteus de Zagreb; Tégula de capua; Cipo de Perugia y Tabula Cortonensis.* En cuanto a su origen, aún no está claro, desde el punto de vista lingüístico que la lengua etrusca pertenezca al tronco de las lenguas indoeuropeas o semitas.

Encontramos cuatro teorías sobre el origen de la adopción del alfabeto etrusco: 1. A finales del siglo VIII a.C. directamente de Cumas, una colonia Calcídica establecida en Italia (A.Kirchof; A.Minto y L.Pareti). 2. Antes del 750 a.C. (A.Gernier, A.Neppi Modona y D.Dimiger); 3. Hacia el siglo VII a.C. debido a los contactos entre egeos y griegos (M.Lajeune) y 4. Origen directamente fenicio del alfabeto (hoy por hoy ha quedado descartada). Sea cual sea su origen, el hecho es que los etruscos, después del debido tiempo de transmisión oral, hacia el año 700 a.C. empiezan a fijar por escrito. El texto más antiguo que conservamos hasta la fecha es un grafito sobre una copa corintia conocido como *Antiquissimum de Tarquinia.* El etrusco como lengua habitual se utilizó hasta la época de Augusto, aunque pervivió, ya de forma mucho más restringida, hasta el siglo V d.C.

La lengua etrusca se escribió y se leyó habitualmente de derecha a izquierda, al contrario que el griego clásico y el latín, decimos habitualmente porque existen también algunos textos que se leen en doble dirección (*boustrophedon*) e incluso algunos, ya a partir del siglo II a.C. y bajo la influencia latina, que se leen y se escriben de izquierda a derecha. El alfabeto etrusco se compone de 26 letras de las cuales: 22 consonantes: *k, w(v), ts, h, th, k, l, m, n, s, p, s(sc), k, r, s, t, s, ph, kh(ch), f* y 4 vocales: *a, e, i, u.* De las cifras etruscas tenemos representadas 7 cantidades en 9 signos distintos: 1, 5, 10, 50, 100, ¿1.000? y ¿10.000? Era una lengua declinada, aunque tan solo disponía de dos declinaciones con cinco casos: Genitivo, Acusativo,

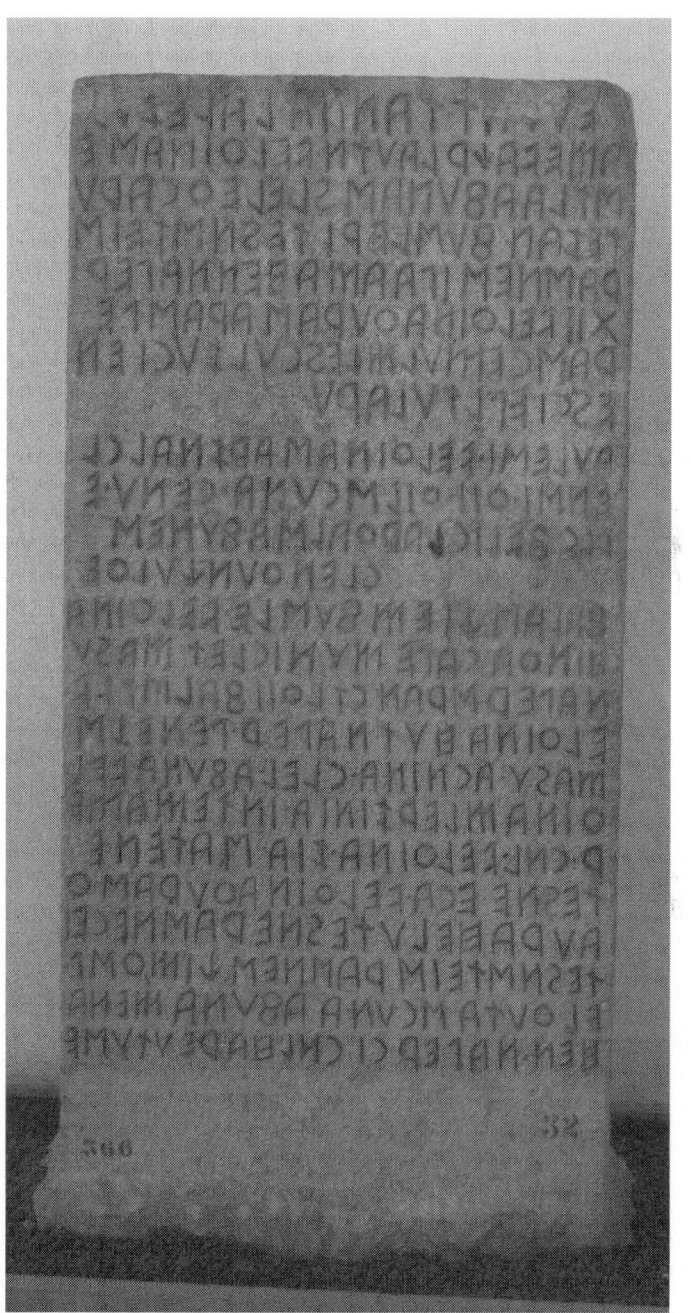

Cipo de Perugia

Tabula Cortonensis

Dativo, Ablativo y Locativo. El etrusco antiguo carecía de distinción de género aunque, con el tiempo, se fueron formando el masculino y el femenino. Disponía también esta lengua de varios plurales: *-r, -chva, -chve, -va, -ia*.

5.2. LA LITERATURA ETRUSCA

Las más sencillas manifestaciones de literatura etrusca son los denominados *Alfabetarios y Silabarios*. El más importante de los primeros es la llamada *Tablilla Cerata*, de marfil y de 8,80 × 5,10cms encontrada en la *Tomba degli Avori* en marsiliana d'Albegan y datada en el 700 a.C. La tablilla consta de dos partes: una pequeña zona donde está recogido el alfabeto y una zona grande donde seguramente se practicaba su aprendizaje. Muchos añaden a su innegable carácter pedagógico un carácter, de alguna manera, mágico. Se han recogido abundantes *Alfabetarios*. En cuanto a los *Silabarios*, se han encontrado bastantes menos. Tres, hasta la fecha, son los más importantes: un sobre un *Lekythos* de la *Tomba Regolini-Galassi* y los otros dos de Monteriggioni y Orbetello. Ambas manifestaciones han sido fundamentales en los estudios de traducción y transcripción de la lengua etrusca.

Es muy poco o nada lo que nos ha quedado de literatura etrusca. Merecen la pena destacarse los siguientes ejemplos (seguimos la clasificación de Federico Lara Peinado (2007)):

A) Principales inscripciones etruscas

A.1. textos de naturaleza religiosa: A.1.1. *Liber Linteus* ("Libro de Lino") (Zagreb) (mediados siglo II a.C.): se compone de 1350 palabras dispuestas en 12 columnas de 34 a 40 líneas escritas con tinta y recoge una secuencia litúrgica: ceremoniales, sacrificios, plegarias y ofrendas, repetida cuatro veces. Se trata de un hallazgo importantísimo. A.1.2. *teja de Capua* (62 × 49 cms.) (siglos V-IV a.C.). Se narra en 390 palabras

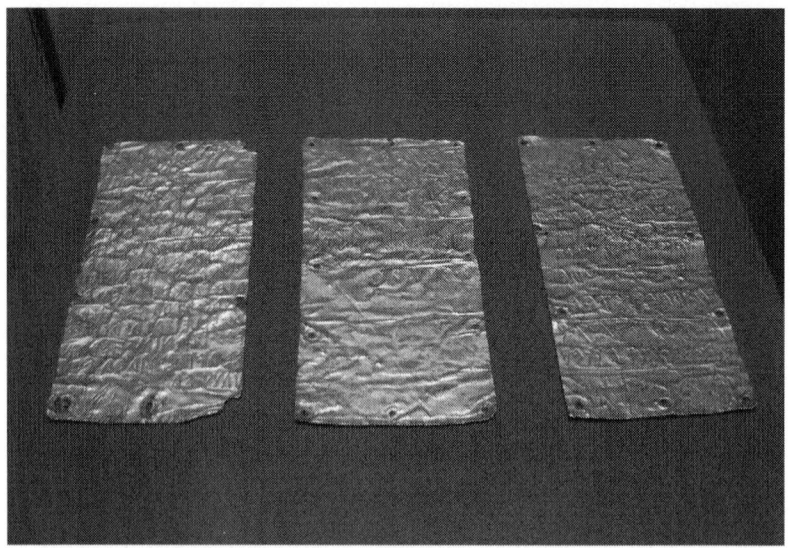

Láminas de Pyrgi

legibles un ritual funerario. A.1.3. *Lámina Lenticular de Magliano* (siglo V a.C.) 70 palabras por los dos lados, se habla de los dioses en general y de ofrendas funerarias que deben hacerse en ciertos tiempos y lugares. A.1.4. *Lámina de Santa Marinella* (500 a.C.). Lámina de plomo con casi 90 palabras en 11 líneas. Alude a una respuesta oracular, a un calendario de ofrendas y a unas fórmulas rituales. A.1.5. *Lámina de Volterra* (siglo III a.C.) Más de 60 palabras dispuestas en 11 líneas, consiste en una maldición relacionada con 35 personas. A.1.6. *Defixio de Monte Pitti (Lámina de Campiglia marítima)* (siglos III-II a.C.) 55 palabras en 10 líneas sobre una lámina de plomo. Un texto de maldición. A.1.7.*Aryballos Poupé* (Siglo VII a.C.) (7 cm de altura), 29 palabras en líneas dispuestas en espiral. Expresión de afecto de una madre hacia su hijo. A.1.8. *Aequipondium de Caere* (siglo III a.C.) 25 palabras en 10 líneas sobre un contrapeso ovoideo con anillo de suspensión de 10 cms. Es una dedicatoria. A.1.9.*Lámina de plomo de Poggio Gaiella* (siglo IV a.C.) cinco líneas con 18 palabras legibles. Parece un texto de magia. A.1.10. *Hígado de Piacenza* (siglos II-I a.C.)

Láminas de Pyrgi

Láminas de Pyrgi

(12,60 × 7,60 cm) sobre un bronce en forma de un hígado aparecen los nombres de 52 dioses.

A.2. Textos de naturaleza jurídica y sacerdotal: A.2.1. *Cipo de Perugia* (siglos III-I a.C.) (1,45m.) 190 palabras en 24 líneas en una de sus caras y 22 líneas en un costado. Litigio sobre propiedades limítrofes. A.2.2. *Lámina de plomo de Pech.Maho* (siglo V a.C.) Escrito sobre sus dos caras ambas mutiladas: en una cara se expone una transacción comercial, concretamente la adquisición de una embarcación; en la otra, texto algo más antiguo, operación de cálculo de dinero. Como puede verse, ha sido reaprovechada. A.2.3. *Lámina de Tarquinia*: plomo, (13 × 14,5 cms) (9 líneas con 18 palabras completas y 14 fragmentadas), aparece escrito un testamento. A.2.4. *Texto etrusco de la anforita de felsina* (Fin. Siglo VII a.C.) 160 letras en 30 palabras, es una dedicatoria.

A.3. Textos funerarios: A.3.1. *Inscripciones de la Tomba dell'orco*: (5 líneas con 20 palabras) Una serie de textos muy fragmentados con nombres propios. A.3.2. *Inscripciones de la Tomba degli Anina*: (75 palabras) Textos sepulcrales para seis personas distintas. A.3.3. *Inscripciones de la Tomba dei Clavtie*: (fin. Siglo IV a.C.) (31 palabras) Conmemoran la fundación de la tumba. A.3.4. *Epitafio de Laris Pulenas*: (fin. Siglo III-princ.Siglo II a.C.) (59 palabras en 9 líneas) elogio fúnebre. A.3.5. *Inscripción de la Tomba del Tifone*: (45 palabras en 14 líneas) se enumeran una serie de condiciones de uso de la tumba: ritos, ceremonias etc. A.3.6. *Inscripciones de la Tomba Francois*: En diversas zonas de la tumba aparecen textos de carácter mitológico. A.3.7. *Hipogeo de la gens Precu* (siglo III-II a.C.): Una inscripción, 28 palabras en 8 líneas. Texto relacionado con la construcción de una capilla lateral en la propia tumba. A.3.8. *Epitafio de Vel Lathites* (*Tomba Golini I de Vosini*): (21 palabras en 3 líneas) se recoge un curriculum vitae. A.3.9. *Inscripción de la Tomba degli Scudi*: (Siglo IV-III a.C.) (13 palabras) recoge una consagración de ofrendas. A.3.10. *Inscripción del sarcófago de Larth Tute (Vulci)*: (siglo III a.C.) Epitafio de 16 palabras. A.3.11. *Inscripción del sarcófago de Tute Sethre (Vulci)*, misma sepultura y misma época que el anterior (14 palabras) otro Curriculum Vitae. A.3.12. *Inscripción del sarcófago de del Magnate (Tarquinia)*: (siglos IV-III a.C.) epitafio de 12 palabras. A.3.13. *Inscripciones de la gens Alethnas (tarquinia)*: Siete inscripciones distintas con epitafios. A.3.14. *Estela de Lemnos* (Siglo VI a.C.) Excepcional hallazgo. Una estela de piedra arenisca con 198 letras agrupadas en 34 palabras en sus zonas frontal y lateral.

A.4. Otros hallazgos excepcionales: A.4.1. *Láminas de Pyrgi*: Hallazgo importantísimo; tres láminas de oro que se debieron fijar, según los arqueólogos, en la entrada de uno de los templos del yacimiento. (19 × 9 cms (las dos mayores) y 13 × *9 cms (la tercera)*) Tratan un acontecimiento histórico de carácter local. La lámina escrita en púnico (39 palabras en 11 líneas); las dos láminas escritas en etrusco: 36 o 37 palabras en 16 líneas y 15 palabras en 9 líneas respectivamente. A.4.2. *Cipos etruscos de Túnez*: los tres ejemplares tienen una misma inscripción (103-80 a.C.). A.4.3. *Inscripción musivaria de Musarna*

Liber Linteus

(siglo III a.C.) dos nombres propios. Se trata de la única inscripción recogida hasta la fecha (2014) en etrusco sobre mosaico. A.4.4. *Tabula Cortonensis* (Siglo III a.C.) (lámina en bronce 45,80 × 28,50 cms.) (206 palabras en 40 líneas) Es un documento de difícil traducción: unos se inclinan por ver en él un contrato de tierras otros por una ceremonia fúnebre familiar. Se trata de un excelente ejemplo de las dificultades de traducción, aún presentes, de la lengua etrusca.

B) Literatura profana

Apenas se han conservado ejemplos de literatura profana etrusca aunque, se supone que la hubo, y que fue muy rica. Jacques Heuron la divide esencialmente en cinco grupos: 1. Himnos y cantos fescénicos (*un género de poesía campestre, hecho de pullas encadenadas y de sarcasmos fácilmente obscenos, que intercambiaban antiguamente, se dice, los campesinos* (pág.325)); 2. Espectáculos dramáticos; 3. Literatura histórica; 4. Tradiciones de las grandes familias y 5. Árboles genealógicos. A las que añade Federico Lara Peinado (2007): 1. Literatura científica y técnica; 2. Literatura mitológica y 3. Literatura religiosa (la archiconocida *Etrusca Disciplina*, de la que se hablará en el capítulo correspondiente a la religión).

6

La sociedad etrusca

6.1. EL ASPECTO FÍSICO DE LOS ETRUSCOS

La estatura del etrusco se ha calculado entre 1,50 y 1,70 metros. La desnudez era algo habitual y natural. Se ponía especial cuidado en cosméticos y peinados, además, era habitual tanto en hombres como en mujeres, embadurnarse a menudo con aceites, acicalarse, perfumarse y depilarse. Se han encontrado incluso dentaduras postizas, lo que implica cuidados dentales de un cierto nivel. Se valoraba el cuerpo en todos sus momentos cronológicos y en todas sus apariencias, así es habitual encontrar en el arte etrusco, en su momento lo veremos, retratos de hombres y mujeres, jóvenes, viejos, gordos, delgados, feos, guapos etc.

6.2. VIDA POLÍTICA
6.2.1. Organización política

De la *Liga Federal Etrusca* ya hemos hablado en el capítulo 3. Centrémonos por lo tanto aquí en la organización de cada una de las ciudades.

Durante los primeros siglos de la historia etrusca (siglos IX-VIII) cada una de las ciudades etruscas estaba gobernada por una poderosa clase social (*gens maiores*) muy probablemente repartida en tribus que elegían por sufragio una especie de *Princeps* en términos latinos denominado en etrusco *Luchme* o *lauuchme* con atribuciones jurídicas, militares y religiosas. Se discute si su poder era temporal o vitalicio.

Los atributos exteriores de este monarca eran: La corona de oro, el cetro de marfil con un águila en su parte superior, la *bulla aures* (una especie de amuleto), el anillo de oro, la *tunica palmata*, la *toga picta* y el *Paludamentium*, así como una silla de marfil sin respaldo denominada *sella curulis.* Iba acompañado por una serie de lictores que portaban un manojo de varas atadas alrededor de un hacha de doble filo.

Las magistraturas urbanas serían anuales muy probablemente y con la posibilidad de que un magistrado repitiera. La edad mínima para acceder a ella era 24 años. Las insignias de esta autoridad eran habitualmente bastones, cetros, cayados y asientos específicos de diversa índole. Las magistraturas fundamentales eran las siguientes: 1. *Zilath*: probablemente la más antigua; podría datar ya de finales del siglo VII a.C. La ostentarían los dirigente de los diversos aspectos públicos de la ciudad pues, parece ser que existían más de uno a la vez. Era personal y única y daba nombre al año. La edad mínima para acceder a ella la desconocemos. Algunos autores defienden, sobretodo, su carácter más honorífico que práctico. 2. *Maru*: Se trataría de una especie de sacerdote militar pues, sin poderse dudar su carácter militar, dicho cargo siempre aparece asociado a un dios. 3. *Purth*: Poco más que, probablemente similar a los *Prytáneis* griegos y los *dictatores* latinos, puede decirse sobre ella, es más; no es estrictamente una magistratura más bien debemos decir que varias magistraturas están conectadas con la raíz *Purth.* 4. Magistraturas menores: 4.1. *Camthi* (*aedil* latino), 4.2. *sarvenas* y *Zelarvenas* (*decemviri* y *viginti- viri*), 4.3.*Tesinth* (*Curator*), 4.4. *Snenath, macstrevc, tamera* y *cecha*, entre otras muchas de las que nada se sabe más allá de su nombre. 4.5. Cargos de carácter sacerdotal: *Cepen* (sacrificador), *trutmuth/ trutnvt* (adivino), *netssvis* (auríspice), *eisnevc* (*rex sacrorum* latino) y *aprinthu* (desconocido totalmente) y 4.6. Cargos probablemente femeninos según algunos autores: *tamera* (desconocido) y *hatrencu* (cargo relacionado con el culto femenino a la fertilidad, a la familia y al matrimonio).

6.2.2. Estructura social

Podemos dividir la estructura social etrusca en cuatro clases más o menos diferenciadas: 1. *Gentes maiores*: grupos familiares poderosos controlados por un *paterfam*ilias y divididos en diversos niveles según su poder político, social, económico etc. 2. *Gentes minores*: Ajenas a todo movimiento urbano y solo destinadas a colaborar en la formación del ejército y a situarse en diversos niveles de la cadena económica (agricultores, ganaderos, comerciantes etc.) A lo largo de la historia etrusca parece que van progresivamente adquiriendo más importancia. 3. Extranjeros en diferentes situaciones de libertad y 4. *Lautni, etera, lautneteri* y *lethe* (clases dependientes): mineros, artesanos, sirvientes.

6.3. VIDA MILITAR
6.3.1. El ejército

Del ejército etrusco formaban parte las cuatro clases sociales de las que antes hemos hablado. Parece demostrada la existencia de una caballería etrusca junto a la infantería. Respecto a las tácticas de combate, ambos cuerpos luchaban juntos sin aparente orden. Tanto las armas defensivas como las ofensivas, aparte de su valor militar, sin duda constituyeron un elemento de puro prestigio social.

Entre las armas defensivas se han encontrado: 1. Cascos: en bronce siempre y de muy diversas tipologías entre las que destacan los de tipo *cresta* y los de tipo *cimera*. 2. Corazas: habitualmente de dos piezas unidas por correas y hebillas; han aparecido tanto lisas como con formas anatómicas. 3. Escudos: Circulares y decorados con diversos motivos o con ciertos emblemas. 4. Grebas o canilleras: Las hubo de dos tipos, o bien a base de planchas de bronce y adquiriendo formas anatómicas, o bien formado por diversas placas unidas por anillas y tiras de cuero para su sujeción.

Entre las armas ofensivas encontramos: 1. Arcos y flechas en muy poca cantidad. 2. Lanzas y jabalinas: De bronce y de hierro. Debieron ser las armas ofensivas más corrientes, tienen diversas tipologías. 3. Espadas y puñales: Lo habitual es que aparezcan con empuñaduras en forma de "T". Se ha encontrado algún ejemplar de espada curva parecida la *machaira* griega o la *falcata* ibérica. 4. Hachas: De bronce la mayoría y de doble filo. 5. Bastones, mazas y hondas.

6.3.2. La armada

Los etruscos sobresalieron en ambas artes del mar, la mercante y la guerrera, sin olvidar la piratería. Se ha llegado a proponer la posibilidad de que ya en época villanoviana existiera una armada. Las naves de guerra etruscas eran de forma alargada, estaban construidas de pino, abeto, haya o encina. Su medio de locomoción habitual eran los remos aunque tenían una vela auxiliar de forma cuadrangular. La proa fue variando a lo largo del tiempo de forma: se partió de una forma de tajamar (la habitual) y posteriormente se hizo más aguda y se añadió un espolón. Eran probablemente rematadas con alguna cabeza de animal y solían tener pintados unos ojos a los que se les daba, seguramente, un carácter apotropaico. Las popas eran de estructura incurvada y estaban adornadas con formas geométricas.

En cuanto a su tipología; pronto adoptaron las pentecónteras, naves largas de origen griego con cincuenta remeros (25 por cada lado). También utilizaron trirremes de 35 metros de eslora y 5 de manga con una tripulación de unos 200 hombres.

Los puertos militares y comerciales civiles fueron *Regae* (puerto de *Vulci*), *Gravisca* (puerto de Tarquinia), *Pyrgi*, *Punicum* y *Alsium* (situados todos ellos en Caere), *Vetulonia*, *Portus Pisanus y Portus Fluvius* (en Pisa) y, por último el puerto fluvial de *Spina*.

6.4. VIDA FAMILIAR
6.4.1. Estructuras familiares

La estructura social básica del etrusco era la familia (*lautn*): esposos (*tusurti*), padre (*apa*), madre (*ati*), esposa (*puia*). El gobierno de la familia lo llevaba el *pater familias*. La mujer poseía una posición de particular dignidad y respeto pues gozaba de cierta autonomía económica y conservaba su nombre, su apellido y su origen a efectos legislativos, tras su matrimonio. Jacques Heuron llega a decir que: *En la sociedad etrusca, el pater familias hacia la ley, pero la mater familias tenía su palabra que decir, y con frecuencia era la última.*(Heuron, J. 1994 pág. 121).

Completaban la familia los hijos (*clan*) e hijas (*sec*) y, en ciertas ocasiones, los abuelos (*acti nana* (abuela) y *papa* (abuelo)), los nietos (*nefts*); los esclavos asociados (*lethe*) e incluso en algunas ocasiones los libertos (*lautni*). Los hijos tomaban el gentilicio (*nomen*) de los padres y a éste le anteponía un nombre personal (*cognomen*). En muchas ocasiones, junto a ellos, se añadían el nombre personal del padre y después el de la madre (patronímico y matronímico). Existían dos tipos de boda: una legal, oficial, que representaba la entrada de la mujer en la familia del marido y otra libre que duraría según acuerdo de las partes.

Las mujeres gozaron de bastantes libertades personales: banqueteaban, bebían y asistían a juegos siempre mezcladas con los hombres; cosa impensable en la cultura greco-latina, lo que provocó abundantes críticas absolutamente exageradas. Entre las más conocidas destaca la de Teopompo, un historiador griego del siglo IV a.C. Dice así sobre las costumbres sexuales de los etruscos:

> Compartir las esposas es una costumbre etrusca establecida. Las mujeres etruscas cuidan mucho su cuerpo y a menudo hacen ejercicio, a veces junto con los hombres, y a veces solas. No consideran deshonroso que se las vea desnudas. No comparten el lecho con sus maridos, sino con otros hombres que estén presentes, y proponen brindis a quienes quiera que elijan. Son bebedoras experimentadas y muy atractivas.
>
> Los etruscos crían a todos los niños que nacen sin saber quienes son sus padres. Los niños viven igual que sus progenitores, y a

menudo asisten a festines con borracheras y mantienen relaciones sexuales con todas las mujeres. No es deshonroso para ellos practicarlas abiertamente, ni ser visto recibiéndolas, puesto que lo consideran una costumbre propia. Les parece tan poco deshonroso que, cuando alguien quiere ver al dueño de la casa, si está haciendo el amor, le dicen que está haciendo eso, llamando al indecente acto por su nombre.

Cuando mantienen relaciones sexuales con cortesanas o dentro de la familia, lo hacen del siguiente modo: después de terminar de beber, cuando están a punto de irse a la cama y las lámparas continúan encendidas, los sirvientes hacen entrar a cortesanas, o a niños, o a veces incluso a sus esposas. Y cuando han disfrutado de estas, hacen entrar a niños y les hacen el amor. A veces mantienen relaciones sexuales mientras son observados por otros, pero casi siempre, colocan biombos enrejados alrededor de las camas y cuelgan telas encima de ellos.

Les gusta mucho hacer el amor con las mujeres, pero disfrutan especialmente con los niños y los jóvenes. Los jóvenes de Etruria son muy apuestos, porque viven en la opulencia y mantienen sus cuerpos lisos. De hecho, todos los bárbaros del oeste usan brea para arrancarse y afeitarse el vello del cuerpo. (Smith,C. 2016 págs.162-163).

Supone Federico Lara Peinado, de todas maneras, que esta libertad no fue dada desde el principio, fue conseguida paulatinamente y sólo durante un tiempo: *En los primeros siglos de historia etrusca, la mujer-según han revelado los ajuares de las tumbas-hubo de ser recatada, destacando en su función de madre dedicada por entero a sus hijos. (…), a su familia, a gestionar los bienes domésticos y a sus trabajos hogareños. Sin embargo, es verdad que pronto, bajo el efecto del bienestar económico y la concentración del poder y de la riqueza en unas pocas manos, la mujer comenzó a "salir de las paredes domésticas", en expresión de A.Rallo. (…), luego, con el devenir de nuevas situaciones sociopolíticas, la mujer volvió a atender su hogar, complaciendo a su marido (…) a amamantar a sus hijos (…) y a educar hijos.* (Lara Peinado, F. 2007, pág. 203).

6.4.2. El atuendo

Podemos decir que el atuendo etrusco surgió de dos tradiciones, por un lado la oriental y, por otro, la griega. Por lo que respecta al atuendo femenino: la prenda usual era una larga túnica (*chitón*), enganchada al hombro, de mangas cortas, con o sin pliegues y adornos en los bordes. Era ceñida en las caderas por medio de un cinturón; por encima se cubrían con un manto (*himation*) blanco de bordes rojos y negros que llegaba a las rodillas. De vez en cuando, optaban por vestidos de estética cretense. El material usado era lino o seda. Existían además vestidos ceremoniales en su mayoría recubiertos por laminillas de oro para darles suntuosidad. Se han encontrado también, como complementos para días de excesivo sol, parasoles con varillas de hueso.

En cuanto a los peinados se detectan básicamente dos épocas separadas por el siglo VI a.C. Antes de este siglo, los testimonios iconográficos nos ofrecen un pelo largo recogido con una trenza y anudado en la nuca. A partir del siglo V a.C. el pelo se deja caer hacia atrás suelto, se recoge en forma de corona o bien se riza, dejando sueltos algunos rizos por ambos lados del rostro y recogidos los demás. Algunas tumbas delatan decoloramientos y enrubiamientos artificiales. Encontramos también algunos tipos de tocados que consistían en velos, redes, cofias o bonetes de diversas tipologías.

Las etruscas maquillaban su rostro con coloretes y sombrados. Varios *aryballoi* y *alabastra*, testimonian el uso abundante de aceites, esencias y ungüentos tanto extranjeros como nacionales. Quizá en un principio esta "enmascarización" del rostro tuviera un carácter más mágico que estético.

Entre los hombres la vestimenta era mucho más sencilla, limitándose a una prenda interior (*perizoma*) a modo de shorts y de origen cretense sobre la que se ponían, en época arcaica , una corta túnica que llegaba hasta las rodillas sujeta a la cintura por un ceñidor. Un manto colorado de forma semicircular envolvía el cuerpo echado sobre el hombre izquierdo y, por lo tanto, dejando el derecho al descubierto. Se trata del antecedente de la toga romana. Con el paso del tiempo la prenda se alargaría hasta por debajo de las rodillas. En algunas tumbas, como la *Tomba del Triclinio* en Tarquinia, encontramos representado una especie de chal con un gran escote redondeado bordado en sus ribetes por ambos lados. Se han detectado también casos de travestismo consistente en personajes vestidos de forma masculina, claramente hombres, pero con peinados femeninos.

En la época más antigua los etruscos se dejaban el cabello y la barba largos como señal, muy probablemente de diferenciación social. A finales del siglo V a.C. esta moda desparece y el hombre etrusco se afeita en la mayor parte de los casos (se conservan testimonios de alguna barba), se corta el pelo y se lo riza artificialmente. También encontramos testimonios de decoloración masculina.

Algunos tocados de hombre también podemos registrar; son parecidos a los bonetes femeninos. Encontramos también dos tipos de, lo que podríamos llamar, tocados rituales entre los sacerdotes: se trata de un gorro de lana o piel en forma de capucha o bien sombreros de base ancha y punta cilíndrica.

En cuanto al calzado asombra su inmensa variedad tipológica: simples sandalias, botas abrochadas, borceguíes de complicadas ataduras, chanclas para la lluvia o elegantes zapatos y botines para ambos sexos de elegantes diseños, de colores rojos o negros y con la punta hacia arriba al modo oriental.

Importante parte del atuendo para el etrusco, tanto masculino como femenino, era la joyería: fíbulas, broches, alfileres, diademas, collares, pendientes, colgantes, pectorales, brazaletes, pulseras, anillos etc. realizados en oro, plata, pasta vítrea y piedras preciosas. El material dominante es el bronce. Las joyas femeninas eran de menor tamaño pero de muchísima más variedad tipológica. Eran elaboradas habitualmente en talleres etruscos pero siguiendo modelos griegos y orientales.

En cuanto a las técnicas destacan el dorado, chapeado, puntilleado, filigrana, filamentación y granulación.

6.4.3. La alimentación

Disponían de una gran variedad de alimentación que se fue progresivamente enriqueciendo más y más. Los etruscos comían dos veces al día. En cuanto a la carne, solo abundante entre las familias de mejor posición, destacamos: buey, oveja, cerdo, liebre, jabalí, cabra salvaje y pájaros de diversa índole. Se han encontrado también restos de tortugas. Las piezas se conservaban fundamentalmente en salazón o en ahumado y se consumían hervidas o asadas habitualmente acompañadas de legumbres diversas, cereales, raíces y plantas odoríferas.

Entre los pescados, se consumieron tanto de mar como de río; existen menos testimonios. Se sabe que consumían *garum*, una especie de salmuera obtenida por la fermentación de diversas especies de peces y que luego tuvo mucha aceptación entre los romanos.

La condimentación de los alimentos era muy rica: sal, ajos, pimienta, aceite, piñones, uvas secas y hierbas aromáticas entre las que destacan hinojo, menta, silfio y mostaza. El huevo como complemento alimenticio también era muy usado.

En cuanto a los postres, poco podemos decir aparte de que consistían en pasteles de frutas aliñados con vino, miel y diversos frutos secos: avellanas, bellotas dulces y nueces. Entre los quesos, eran apreciados el *pecorino* y el *caseus lunensis*.

Las bebidas más consumidas eran: diversos vinos tanto autóctonos como extranjeros, moscateles, hidromiel y leche que podamos saber, aunque seguro que existieron otro tipo de bebidas de las que no tenemos constancia de momento.

El utillaje culinario lo comprendían: calderos, pucheros, ollas, escudillas, platos, cucharas, cazos, parrillas, cuchillos, trébedes, morteros de piedra madera o terracota, ralladores de queso, hallados, de momento en bronce y plata etc.

6.4.4. Las divisiones del tiempo

La misma división del tiempo compartieron los etruscos y los romanos. En un primer momento se optó por el calendario lunar, pero después por influencia griega se usó el lunisolar; veamos sus partes: 1. Los días, comprendidos entre medianoche y medianoche. 2. Los meses: se componían de 30 días divididos en tres bloques de 8 días en unas ocasiones y en dos de 14 en otras. Cada ciudad ponía nombres distintos a los 10 meses de los que constaba el año. Un glosario del siglo VIII d.C. nos ha dado los nombres de 8 meses, si bien, latinizados: *Velecitanus* (marzo), *cabreas* (abril), *Ampiles* (mayo), *Aclus* (junio), *Traneus* (julio), *hermius* (agosto), *Celius* (septiembre) y *Xosfer* (octubre). 4. Los años: De 360 días y 5.Los siglos: Eran de entre 119 123 años. Según los etruscos, ellos como pueblo, habían iniciado su andadura en la historia en el año 969-968 a.C. El mundo debería durar unos 12.000 años de los cuales la mitad (6.000 años) correspondía a la historia de la humanidad, de la cual, a su vez, Etruria disponía hasta su desaparición de 10 siglos (unos 1.000 años).

6.5. VIDA SOCIAL
6.5.1. Entretenimientos I: Los juegos

Tenemos constancias, ya arqueológicas ya literarias, sobre diversos juegos, veamos los más y mejor documentados: 1. Juego de los dados: Se han encontrado en diversas tumbas unos dados cuyas caras presentaban series numéricas del 1 al 6 marcadas, en unos casos por el número de puntos correspondiente incisos y rodeados con círculos y en otros con el numeral correspondiente. No conocemos los pormenores del juego. 2. Juego de las fichas y las tabas: Han aparecido también fichas o piedrecitas y tabas, en concreto astrágalos, de ovejas y cabras. También desconocemos los pormenores. 3. *Kottabos*: Era un juego relacionado con las libaciones rituales, consistía en conseguir volcar un pequeño disco o platillo puesto en equilibrio sobre un candelabro de dos metros con chorros de vino o bien expulsados por medio de bocanadas o lanzados desde una taza con asa. El nombre de la taza es la que ha dado nombre al juego. 5. Hemos encontrado testimonios variados de otros juegos tales como la cucaña (subir un palo y conseguir un premio que estaba en lo alto del mismo) y diversas danzas con candelabros sostenidos en equilibrio, o bien con las manos o bien en la cabeza.

6.5.2. Entretenimientos II: Música y danza

Comencemos con la música: los instrumentos de los que tenemos constancia son los siguientes: 1. Instrumentos de viento: 1.1. flautas de muy diversas tipologías (doble flauta, flauta sencilla e incluso flauta travesera) cuya música formaba parte muy habitual de la vida del etruscos; en casi todos los lugares existían flautistas ofreciendo música. Ateneo llega a afirmar que la flauta era el instrumento nacional de los etruscos. 1.2. Trompetas: También de muy variada tipología: grandes trompetas de carácter militar muy estruendosas, *tuba* (trompeta recta), *lituus* (trompeta alargada con extremidad curva) y *cornu* (trompeta circular). 2. Instrumentos de cuerda: fundamentalmente liras y cítaras, y 3. Instrumentos de percusión: los crótalos.

En cuanto a la danza, en Etruria su origen fue indudablemente religioso, así pues, huelga decir que ocupaba un importante lugar en las ceremonias religiosas, aunque también en las civiles; seguramente también las había de carácter lúdico e incluso militar. Muy poco se sabe de ellas, debieron ser muy parecidas a las griegas.

6.5.3. Entretenimientos III: Juegos atléticos

Fueron muy comunes en Etruria. Eran muy parecidos a los griegos. Los motivos de su celebración eran en muchos casos funerarios, pero también religiosos e incluso de carácter puramente ocioso. En el santuario nacional etrusco (*Fanum Voltumnae*) con motivo de la reunión anual de la federación de las 12 ciudades con el objetivo esencial de la elección del rey o *Lucumon*, se realizaban unos magníficos juegos. Se celebraban en pleno campo, en espacios destinados y adaptados para tal fin; pero, y esto es importante, nunca lejos de las zonas funerarias o de culto.

Hoy se defiende la idea de que, aun existiendo atletas miembros de familias nobles, la mayor parte de los participantes eran esclavos. El premio para el ganador era, hasta el siglo VII a.C. un trípode y más tardíamente grandes boles de bronce. Las pruebas eran las siguientes: 1 .Lucha y pugilismo de diversa índole. 2. Carreras de carros y caballos. 3. Lanzamiento de jabalina, disco y pesa. 4. Carreras de velocidad y fondo. 5. Salto de longitud. Existieron también juegos gladiatorios en los cuales hombres y animales luchaban entre si bajo diferentes modalidades. Los frescos de la *Tomba della caccia e della pesca*, nos han ofrecido una imagen de lo que podría ser un deporte acuático. Un hombre se zambulle en el agua de pie saltando desde una roca.

Algunos deportes se practicaban totalmente desnudos, otros con faldellines plisados o con una especie de calzoncillos o taparrabos. En algunas tumbas aparecen atletas ligeramente mutilados sexualmente, quizá para practicar determinados deportes sin riesgo. Esta mutilación se denominaba *infibulatio* y consistía en horadar el pene por dos puntos, hacer pasar una cuerda por ellos y atar dicha cuerda a la cintura.

6.5.4. El juego de Phersu

De carácter, muy probablemente, funerario y / o penal y / o ritual, era el llamado *juego de Phersu*. En algunas tumbas (la imagen más conocida es la de la *Tumba de los Augures* de Tarquinia), se han encontrado escenas de este juego. Jacques Heurgon lo describe así:

> Un condenado a muerte es entregado a las acometidas de un dogo furioso que le clava sus colmillos en la pierna izquierda. Su cuerpo desnudo, a excepción de un taparrabos, sangra ya por múltiples heridas. Por más que trate de defenderse con la porra que esgrime en la mano derecha tiene la cabeza envuelta en un saco que le impide ver y le obliga a luchar a ciegas. (Heurgon, J. 1994, pág. 289).

Parece, además, que el supuesto reo iba atado con una cuerda que sostenía el guardia que le custodiaba, de tal manera que sus movimientos tampoco podían ser del todo libres.

7

La economía Etrusca

7.1. AGRICULTURA

Como la mayor parte de los pueblos de la antigüedad, la base de la economía etrusca era la agricultura. Queda demostrado que existía la propiedad privada; había grandes extensiones agrícolas, propiedad de los más ricos, pero también campos medianos y pequeños. Todos estaban limitados por mojones. Han aparecido diversidad de aperos de labranza todos ellos realizados en bronce o hierro: azadas, escardillos, podaderas, palas, picos, hoces cuchillos, rejas de arado y azadones.

El norte de Etruria estaba destinado a la producción maderera (coníferas, hayas, encinas, olmos y castaños) y a la producción cerealística (cebada, mijo y diversas clases de trigo). Por su parte, el sur estaba dominado por cultivos intensivos entre los que destacaban los de cereal, como en el norte, y los de vid.). En cuanto a los vinos, el vino más apreciado probablemente fuera el que Plinio el viejo denominó: *apianum*, cercano al moscatel. El olivo, aunque tardíamente y sólo en ciertos sectores sociales, también fue explotado.

7.2. GANADERÍA, CAZA Y PESCA

La ganadería etrusca la constituía fundamentalmente bueyes, becerros, ovejas, carneros y cerdos y, un poco, no mucho, más tarde, animales de granja tales como gallinas, pollos, ocas y patos. La crianza de caballos también era importante.

Las especies cazadas por los nobles etruscos ayudados por jaurías de perros eran el jabalí, el ciervo, la liebre y, entre las aves, los patos, las perdices, las codornices y los tordos. Algunas representaciones, poco corrientes, presentan mujeres en partidas venatorias, cosa impensable en el mundo griego.

La pesca también fue una actividad habitual, sobretodo la pesca marítima de atunes y delfines que eran capturados mediante redes y arpones. También hay algunas noticias de pesca en lagos de doradas, lubinas, róbalos y otras especies aclimatadas al agua dulce según nos dice Columela, así como de recolección de moluscos.

7.3. MINERÍA

Etruria fue uno de los lugares más ricos del Mediterráneo en recursos mineros especialmente hierro, cobre, plomo, galena argentífera, estaño arsénico y antimonio. La explotación se hacía mediante pozos, algunos de hasta 80 metros de profundidad, galerías y hornos de fundición, de todos ellos hay abundante material arqueológico. Los aperos de minería usados, los de siempre: picos, tenazas, moldes, recipientes de trituración y hasta una bellísima e importantísima lámpara de minero agujereada para ser fijada en el cuerpo y, dato curioso, perteneciente a un tal *Akiu.*Los excedentes metálicos se exportaban, tanto en bruto como en lingotes. Las zonas metalíferas de Etruria fueron, los montes de Tolfa (entre tarquinia y Caere), los montes de Amiata, Vetulonia, Campigliese, Populonia y Volterra, además de la isla de Elba. El control de estas actividades metalúrgicas era llevado a cabo sólo por ciertas familias desde muy pronto, la Edad del Bronce incluso. En cuanto a los minerales no metálicos, se explotaban el ocre, el cinabrio, la alumina, las arcillas, los alabastros yesosos y calcáreos, la toba, el granito y varias areniscas.

Conocemos la existencia también de salinas en Veyes y Volterra cuya explotación se mantuvo permanentemente hasta la Edad Media.

7.4. INDUSTRIA

La industria estaba controlada, toda ella, por la nobleza. Entre las manufacturas metálicas destacaron las de hierro (herramientas y armas) y bronce (candelabros, espejos, vajillas, urnas cinerarias, estatuillas y variada joyería). Tenían un importante papel las hilanderías y tenerías de las que sabemos muy poco; y, por último, cabe citar una importante industria maderera fundamentalmente orientada a la construcción de barcos tanto militares como comerciales.

7.5. COMERCIO

Se puede decir que los etruscos actuaron en todas las facetas del comercio: importadores, exportadores e incluso la piratería. De oriente importaron cosméticos; de Egipto cuentas de collar, escarabeos, joyas pequeñas y recipientes; de Chipre, Fenicia, Siria, Urartu y Asiria traían marfil, trabajado o no, piezas metálicas cinceladas, vasos de plata, variadísima joyería y magníficos trípodes y calderos; del norte de Europa trajeron ámbar y de Córcega resinas, cera, miel y esclavos. Por su parte, los etruscos exportaban productos agrícolas, vinos, *bucchero* y vasos etrusco-corintios. Las épocas doradas del comercio etrusco se puede afirmar que fueron los siglos VII y VI a.C. A partir del 540 a.C. comenzó su decadencia.

7.6. MONEDA

En un principio el comercio etrusco se basó en un sistema de trueque. La moneda como tal apareció en Italia hacia el 550 a.C. Tres causas provocaron su aparición en Etruria: su activa participación en el comercio marítimo de Italia, el pago a mercenarios y la ayuda económica prestada a Roma en las Guerras Púnicas. Sin embargo la emisión de monedas no fue unitaria y tampoco surgió en un lugar en concreto. En el momento inmediatamente anterior a las primeras acuñaciones es muy probable, según nos cuentan varios especialistas, que el bronce actuará como moneda. Las cecas más importantes fueron: *Populonia* (de seis tipologías distintas según las épocas), *Vulci* (cinco tipologías), y *Vetulonia* (dos tipologías). Otras cecas menores fueron: *Tarquinia*, *Volterra* y *Volsinii*. Han aparecido junto a las perfectamente localizables, monedas que carecen de leyenda de ceca.

8

El arte etrusco

8.1. CLASIFICACIONES ACADÉMICAS

Desde el punto de vista estrictamente académico el arte etrusco se ha venido dividiendo en cinco momentos: 1. *Etapa de formación*: sin tradiciones propias y con influencia villanoviana. 2. *Fase orientalizante (700-535 a.C.)*: la estética dominante es la del lujo; en estos momentos surge la escultura y aparecen las primeras tumbas principescas. 3. *Fase arcaica (535-475 a.C.)*: es la auténtica época de oro del arte etrusco en todas sus manifestaciones: escultura, pintura mural y broncística. Bebe de poderosas influencias jónicas y áticas. 4. *Período arcaico (475-310 a.C.)*: La característica fundamental de esta época es el provincialismo de las producciones artísticas de muy diversas calidades según la situación política de la zona; nos encontramos en un período de crisis y 5. *Fase decadente (310-265 a.C.)*. Caracterizada por abundante producción pero de baja calidad en general.

De la arquitectura etrusca ya se ha hablado largo y tendido en el capítulo de Arqueología Etrusca. No hace falta por tanto, insistir más.

8.2. ESCULTURA

La escultura etrusca se considera dentro del arte de la Antigüedad, de excelente calidad. Fue incluso abundantemente reconocida por

Arringatore (siglos II-I a.C.)

griegos y latinos. Cada ciudad hizo sus propias versiones artísticas dentro de una tónica de imitación de patrones orientales primero y después griegos. Los materiales más usados son el bronce y el barro cocido.

8.2.1. Bronce

Las técnicas fundamentales son el fundido y el martilleado de imágenes de muy diversos tamaños. Las principales piezas escultóricas en bronce son las siguientes: *1. Loba capitolina*: de cronología muy discutida: Christopher Smith (Smith,C. 2016 pág. 85). incluso nos habla de que podría tratarse de una imagen medieval o, al menos, una copia medieval de una imagen antigua. En cualquier caso, la cronología habitualmente aceptada era el siglo V a.C. y el lugar de producción, o Tarquinia o Vulci. Mide 1,14 m. *2. Quimera de Arezzo*

Apolo atribuido a Vulca (siglo V a.C.) (Derecha).
Escultura etrusca (izquierda).

(siglo IV a.C. 1,82 m.). Encontramos representado un animal híbrido: león, cabra y cola de serpiente (no original sino añadida en 1785 sustituyendo a la original que no estaba acabada). Se encuentra una inscripción sobre su pata trasera: *tinscuil (don para Tina). Se trata*, por lo tanto, de una obra de carácter votivo. *3. Marte de Todi* (siglo IV a.c. 1,32 m.). Fundida sobre en seis piezas de bronce. Posee clara influencias áticas, algunos especialistas dicen que se trata de una imagen del dios de dicho nombre aunque ahora se tiende más a identificar como la imagen de un joven soldado pensativo. *4. L'Arringatore* (siglos II-1 a.C. 1,80 m.) Una inscripción nos indica el nombre del orante que representa la imagen: *Aules Metelis*. No está representado en el momento de un discurso sino más bien se piensa que se trata de un joven orante; una postura religiosa. *5. Bruto capitolino* (siglo III a.C. 32 cm.) Se trata de una cabeza-retrato que, probablemente perteneciera a una imagen equestre perdida pues da la sensación de que está pensada para verse desde abajo. *6. Hombre recostado* (siglo IV a.C. 42 × 69,50 cm.). Está dispuesto sobre una urna cineraria. La posición es típica del acto de banquetear.

8.2.2. Terracota

Se especializó en placas figuradas, sarcófagos, urnas cinerarias, decoraciones arquitectónicas y esculturas votivas. Era policromada con el negro y el rojo como colores base. Destacan: **1. Terracotas de Pyrgi**: El templo A de Pyrgi contiene un altorrelieve policromado sobre placas de terracota de 1,26 m. Se plasma en él las muertes de los héroes griegos Capanepo y Tideo participantes en la expedición de *Los siete contra Tebas*. El Templo B, más antiguo, también contiene decorando su revestimiento, placas de terracota que representan escenas alusivas a los 12 trabajos de Hércules así como las antefijas que adornaban el lado meridional del *témenos*. Se han encontrado tres parejas de antefijas: pareja 1. Hombre alado sobre un fondo de llamas y una divinidad femenina con cuatro alas, no todas conservadas. Pareja 2: Un hombre con cabeza de gallo o grulla y una mujer

Centauro de Vulci

Cista de Praeneste

Cista de Praeneste

Cista (600 a.C.)

con manto portando dos objetos circulares y Pareja 3: Personajes masculino y femenino entre dos caballos al modo de dioses de los animales. *2. Cowboy" de Murlo*: Se trata de un personaje masculino tocado con un amplio sombrero, tal vez un augur. Adornaba junto con otras 16, como mínimo, figuras perdidas, el tejado del *Complejo Palacial de Murlo*. *3. Apolo* (atribuido a Vulca) (510 a.C.) Decoró junto con otras figuras de tamaño natural la viga mayor del templo de Portonaccio en Veyes. *4. Los Sarcófagos de barro*: Tanto en terracota como en piedra arenisca o mármol. Se representan parejas de esposos o seres individuales reclinados sobre lechos. Pronto se estandarizaron. Estaban reservados para las clases aristocráticas, de ahí la abundante representación de riqueza (joyas, telas, tocados etc.). Cuatro son los más destacados: 4.1. y 4.2. Los dos *Sarcófago de los esposos* (530 a.C. 2,20m. y 1,90m.). 4.3. El *Sarcófago de Larthia Sieanti* (siglos III-II a.C. 1,64 m.) y 4.4. El *Sarcófago de Seianti Hanunia Tlesnasa*. *5. Las tapaderas de urnas*: De diversas cronologías, desde el siglo IX a.C. y, por lo tanto, diversas tipologías. Destacan: *Tapadera de Pontecagnano* (s. IX a.C.); *Tapadera de Montescudaio* (siglo VII a.C.); *Tapaderas orientalizantes*

Cista de sanguijuela (siglo VII a.C.)

de Gualandi y Paolozzi (siglo VII a.C.); *tapadera de Dolciano* (600 a.C.) con forma de cabeza y la *Tapadera del Worcester Art Museum* (siglo II a.C.) entre otras muchas. **5. Otras obras de terracota:** *Eos y céfalo* (siglo VI a.C.); *Testa Malavolta;* (siglo V a.C.) y las *Terracotas del Templo de Lo Scasato.* Y **6. Lastras de Murlo y Acquiarossa** (siglo VI a.C.). Trabajadas con la técnica de la estampación de matrices, las primeras; las de *Murlo*, cubrían un espacio de 55 × 24,50 cm. Los temas iconográficos eran los siguientes: un banquete, una procesión nupcial, juegos ecuestres y una asamblea. Por su parte, las segundas representan las siguientes escenas: un simposium; una escena de baile y dos escenas de tipo heroico donde aparecen guerreros a pie, a caballo y en carros.

8.2.3. Piedra

1. Las esculturas de piedra más antiguas son las dos esculturas de la ***Tomba delle Statue*** en Ceri de tamaño natural, son de clara influencia sirio-hitita y se datan en el siglo VII a.C. Después, y de la misma cronología, encontramos los fragmentos del ***Tumulo de la Pietrea*** en Vatulonia; se trata de 10 esculturas: cinco masculinas de 1,70m. y 5 femeninas de 1,10m. Y del siglo VI a.C. el ***Centauro* de Vulci**; el llamado, ***Caballero marino***, llamado así porque cabalga sobre un hipocampo; la ***Dama de la Tomba di Iside*** (89 cm.) y la ***Venus de la Cannicella*** (530 a.C. 76,50cm.). ***Mater Matuta*** (460 a.C. 90 cm.) Se trata de una dama entronada con un hijo en su regazo y flanqueada por dos esfinges. La cabeza es móvil, para permitir introducir cenizas, se trata pues de una escultura de carácter funerario; ***Testa Lorenzini***; hallada en Volterra, tiene las cavidades oculares vacías, pudieran haber estado rellenas con unos ojos de otro material. ***Urna funeraria del auríspice*** (siglo V a.C. 1,3 cm.): la tapa de la urna, lo que nos interesa, lo constituye un auríspice efectuando una libación en una pátera que se ha perdido y una diosa alada. ***Urna cineraria del matrimonio*** (siglo IV a.C.): aparece una mujer sedente y su esposo semitumbado abrazándola y con una pátera en la mano izquierda. ***Estatua cineraria del Plutone*** (siglos

Cista Ficorini (siglos IV-III a.C.).

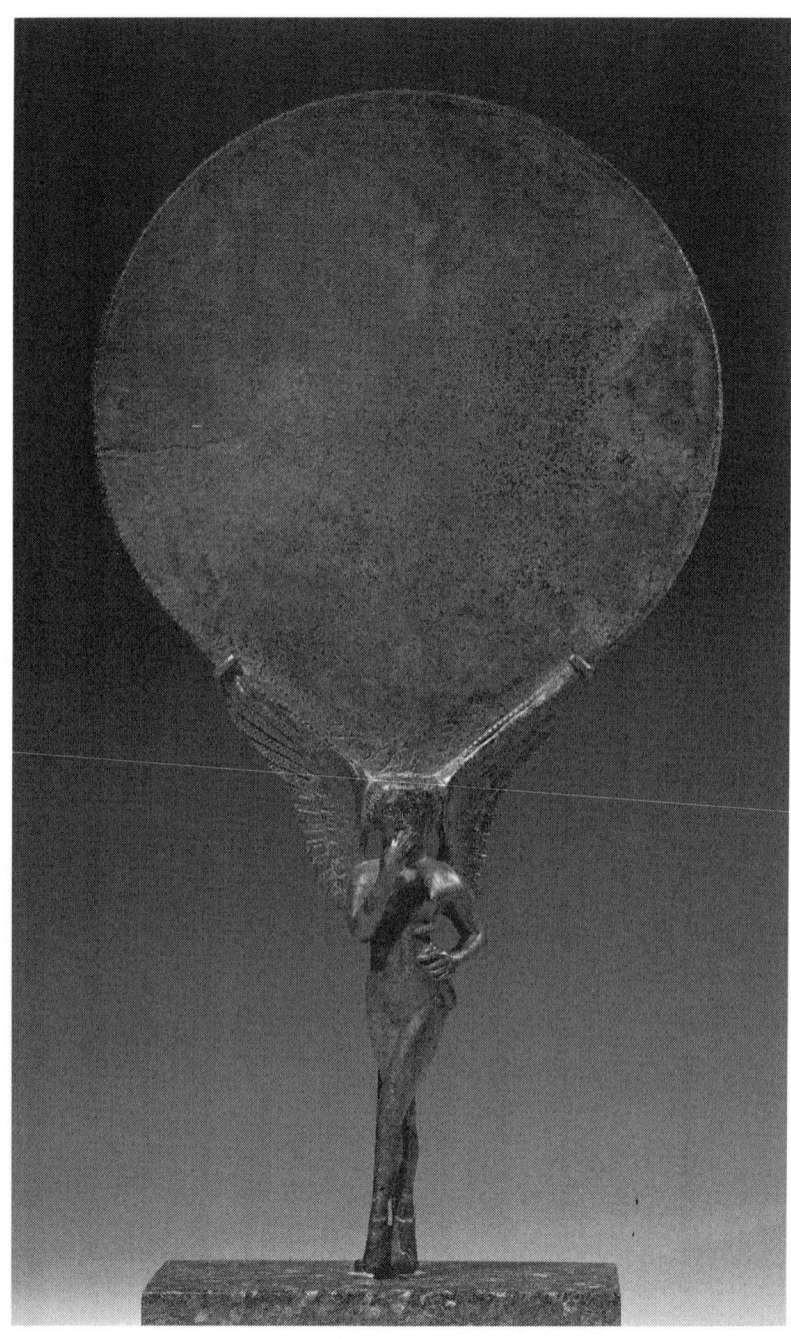

Espejo etrusco

Espejo etrusco

V-IV a.C.) originaria de Chiusi; aparece en ella una figura barbuda sentada sobre un trono cilíndrico y espaldar curvo; tiene un hueco en el interior donde se albergarían las cenizas del difunto. **2. Entre los muchos sarcófagos** existentes podemos destacar por su excepcional calidad dos: el de *Ramtha Viisnai y su esposo Arnth Tetnie* y el de *larth Tetnie y su esposa Tanchvil Tarnai*, ambos originarios de Vulci. **3. Entre las urnas alabastrinas**, no tantas en número, caben destacar tres: *Urna de Larth Ceicnei* (siglo II a.C.) en la que aparece la difunta elegantemente acomodada entre sillones. Urna de *Larth Purni Curce y su hijo Arnth Purni Curcesa* ligeramente anterior, siglo III a.C. y de la misma época, *Urna alabastrina de Todi*. **4.** Por último,

Estatua cineraria de Plutone (siglos V-IV a.C.)

merecen mención las **estelas funerarias**: caben destacarse las siguientes: *Estela de Avele Feluske* (630 a.C. 1,07m de altura); **Estela de Avile Tite** (530 a.C. 66,80 cm.) y *Estela de Lart Ninie* (525 a.C. 1,38 m.) En todas ellas se representan guerreros. Por su riquísimo contenido eminentemente escatológico cabe destacar la *Estela de ferro di cavallo*

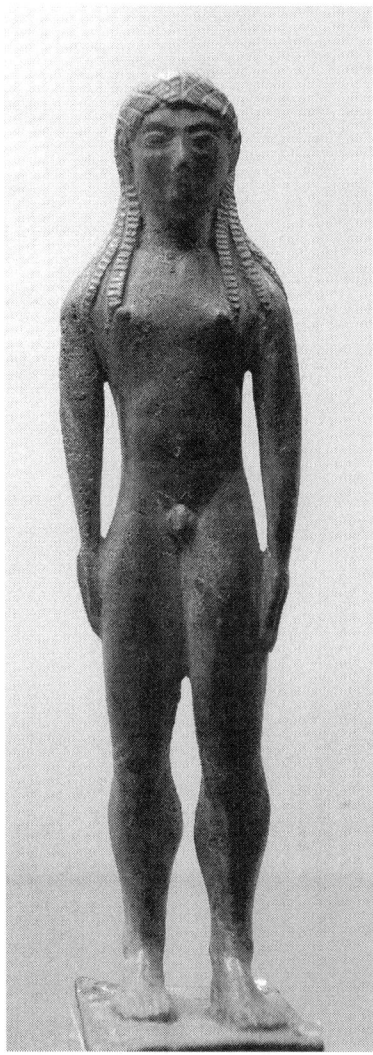

Figura de bronce

(siglos V-IV a.C. 1,50m.) Representa un difunto en su viaje al más allá además de representaciones guerreras, como última mención debemos destacar, por su notable interés iconográfico y su antigüedad, la *Estela Malvais* (siglo VIII a.C. 1,27 cm.) en la que aparecen representadas dos terneras rampantes a sendos lados de un árbol de la vida.

8.3. PINTURA

El tema dominante en la soberbia pintura etrusca se puede definir como un canto a la vida. Las bases materiales para su estudio son: en menor medida, cerámicas y terracotas y, sobre todo las cámaras sepulcrales donde aparecen auténticas maravillas únicas en la antigüedad. Los colores utilizados básicos, extraídos de diferentes minerales, eran blanco, rojo, azul y negro A ellos se les añadían: amarillos, verdes, rosados, marrones, violetas y grises. Sobre la técnica utilizada, así la describe Federico Lara Peinado:

> En cuanto a la ejecución de sus pinturas, se conoce el proceso del preparado de las superficies que iban a ser pintadas: alisado, enlucido y preliminares técnicos para el tratamiento del fresco. Los colores se aplicaban sobre dibujos previamente siluetados, marcados o esbozados y seleccionados a partir de repertorios concretos ("cartones" y "modelos") (Lara Peinado, F. 2007 pág. 318).

Marte de todi (siglo IV a.C.)

Los estilos pictóricos se pueden dividir en 5 ciclos: **1. Ciclo Orientalizante (siglo VII a.C.)**. Repletos de figuras de monstruos, seres humanos, animales y plantas, formando verdaderos tapices perfectamente diseñados. Destacan de este período las pinturas de la *Tomba dei Leoni Ruggenti* (690-680 a.C.); la *Tomba dei Leoni Dipinti*; la *Tomba degli animali Dipinti* y la *Tomba Campana de Veyes* (600 a.C.). **2. Ciclo de Maestros primitivos (siglo VI a.C.).** La pintura etrusca ya adopta una personalidad propia; este es uno de los periodos más florecientes. Adquieren una variedad temática y simbólica impresionante,

Pixis de la tomba della Pania (Marfil)

se mezclan escenas heroicas y al más puro estilo griego, con escenas de la vida cotidiana etrusca. Encontramos banquetes, fiestas, despedidas del difunto, paisajes naturales etc. Todo un mundo de creencias perfectamente estipuladas se mezclan con un solo objetivo: despedir al difunto. En esta época surge el famoso y controvertido tema de la puerta cerrada que algunos autores defienden como un eficaz símbolo del tránsito entre el aquende y el allende (¿puerta del más allá?). **3. Ciclo de los maestros del estilo severo (siglo V a.C.).** Como su mismo nombre indica se copia el estilo severo griego. En esta época Chiusu y Tarquinia tendrán notable esplendor. Los temas son similares al estilo anterior pero más propiamente griegos: juegos funerarios, banquetes, músicos, danzantes, bufones, guerreros, pugilistas, escenas de caza. Se detecta un claro empobrecimiento de los colores. Se empiezan a introducir también, temas propiamente escatológicos: genios, demonios alados, signos ctónicos etc. **4. Ciclo de las influencias clásicas (siglo IV a.C.).** Se desarrollan, en este periodo, exclusivamente temas propios del helenismo clásico junto a nuevas técnicas pictóricas tales como el sombreado, la perspectiva y el retrato. Encontramos demonios, parejas infernales (*Aita* (Hades) y *Phersipnei* (Perséfone), banquetes, dioses infernales recibiendo al difunto y a su cortejo, representaciones de la *Psiqué* o alma-sombra griega (representadas como pequeñísimas figuras antropomorfas griegas semejantes a insectos), personajes mitológicos griegos vinculados a la ultratumba: Gerión, Tirseas, Sísifo etc.

5. Ciclo del helenismo (siglos III-II a.C.). Encontramos ya puras imitaciones de modelos clásicos sin ningún aspecto diferencial, digamos, autóctono. El estilo es ya decadente y de bajo nivel y el tema fundamental es la suerte de los hombres en el más allá. Se puede decir que, en algunas tumbas, se respira un aire órfico-pitagórico.

8.4. ARTESANÍA
8.4.1. Bronces

Podemos dividir la broncística etrusca en dos grandes apartados: A.Los bronces de uso cotidiano y B.Las figuras de bronce.

A. Los bronces de uso cotidiano: fueron de una excelente calidad artística y estaban destinados a un uso aristocrático. Los tipos más importantes son los siguientes: **A.1.Calderos y trípodes:** Seguían, en su mayor parte tipologías orientales y griegas. Entre los calderos los hay de tres tipos por orden cronológico: los más antiguos son los llamados *lébetes* (pequeñas cubas semiesféricas decoradas con prótomos de animales fantásticos sustentados sobre trípodes a veces decorados y a veces no). En un segundo período el trípode se fijó a la base formando un todo. A partir del siglo VII a.C. los calderos

Hígado de Piacenza

Venus de la Cannicella
(530 a.C.)

Sarcófago de Larthia Sieanti (siglos III -II a.C.)

Sarcófago de los esposos (530 a.C.)

se hicieron de forma independiente, es decir, carentes de trípode; calderos y trípodes, pues, se convirtieron en piezas distintas. Especial mención merecen los llamados *Trípodes Loeb*. (540-530 a.C.). Es una nueva forma de mueble que Lara Peinado describe así: *vienen a ser altos estantes, de casi 1 metro de altura, en forma de pirámide de tres caras, con placas todas decoradas. Sus lados están rematados por bordes arqueados y en sus diferentes placas de bronce se incluyeron decoraciones con motivos claramente griegos.* (Lara Peinado, F. 2007 pág. 330). **A.2. Lucernarios o candiles y candelabros:** El más célebre, entre los lucernarios es el encontrado en la *Tumba de Fratta* (58 cms y 57,70 kg.). En su centro encontramos la imagen de una gorgona rodeada por 16 candilejas que, en forma de friso se atacan y se destrozan. Los candelabros o portacandelas fueron hechos de bronce, hierro y plomo y tuvieron un rotundo éxito sobre todo a partir del siglo VII a C. Hacia la fase helenística se estilizan haciéndose de apariencia frágil y quedando ausentes de decoración alguna. **A.3. Quemaperfumes:** la mayor parte de los testimonios que poseemos han aparecido en el área de Vulci. Son de variada decoración y tipología. **A.4. Braseros y carritos:** Los braseros son tardíos, pues se difundieron solo hacia el siglo IV a.C. sustituyendo a los antiguos fabricado en barro. Son simples recipientes sostenidos sobre unos pies que representan figuras fantásticas, habitualmente grifos. En cuanto a los carritos son de un gran interés artístico; se trata de soportes, a veces usados como pebeteros, colocados sobre cuatro ruedas. El más destacado es el hallado en *Bisenzio* (siglo VIII a.C. 29,50 cm.), como ajuar de una tumba. **A.5. Espejos de bronce:** Para algunos especialistas son las más bellas manifestaciones de la broncística etrusca. Los hay de tres tipos. *De cajas*: Dos sencillas partes unidas por una charnela, *De pie*: para estar encima de una mesa o cualquier tipo de soporte y *De mango*: para asir con una mano. Los tamaños variaban entre 10 y hasta 25 cm según las épocas cronológicas. Los anversos aparecían a veces decorados pero es en los reversos donde las decoraciones alcanzan una excepcional belleza. Muchos aparecen con inscripciones. **A.6. Las cistas:** Son muy tardías;

Quimera de Arezzo (siglo IV a.C.)

Tomba Inghirami (Volterra) Sarcófagos

conocieron un gran desarrollo solo a partir de los siglos IV y II a.C. Eran cajas decoradas con relieves y esculturas en sus tapas que se utilizaban para guardar fundamentalmente joyas y objetos diversos de tocador. La más conocida es la famosa *Cista Ficorini* (siglos IV-III a.C. 77 cm. y un diámetro de 38 cm.). **A.6. Las sítulas:** De origen probablemente Hallstático, se trata de vasos que se entregaban como premios a los ganadores de certámenes deportivos. Están decoradas con imágenes de cortejos o procesiones festivas, juegos o banquetes. **A.7. Urnas funerarias y vasos metálicos:** Las más comunes urnas funerarias son las bicónicas con tres láminas de bronce: dos unidas por clavos y una a modo de base. La más conocida es la hallada en la Necrópolis de la Ostería de Vulci (28,50 cm. por 40.50 por 35,70 cm.). Es especialmente interesante también un *Stamnos* del siglo VIII y de 32,50 cm. de altura profusa y muy bellamente decorado, que sirvió de urna cineraria en la necrópolis de Olmo Bello, en Bisenzio.

B. Las figuras de bronce: Tuvieron un montón de usos: hacían de exvotos, que se depositaban como ofrendas en los lugares sacros; de colgantes; las había de carácter puramente ornamental e incluso encontramos representaciones de dioses y de devotos en diversas posiciones rituales. Los tipos más dominantes son: guerreros, *Kouros* y *Korai* (imagenes de tipo griego que se caracterizaban por su rigidez e inexpresividad encarnando el ideal de perfección corporal); aríspices, atletas, oferentes, orantes, máscaras, bustos femeninos, cabezas masculinas, jóvenes y niños, etc. y, entre las imágenes de dioses: *Tinia, Larán, Menrva, Uni, Hercle, Vanth, Fufluns, Aplu, Turms, Culsans* y *Selvans* (del carácter de cada uno de los dioses hablaremos en el próximo capítulo).

8.4.2. Orfebrería

Giraba en torno al ambiente familiar, las técnicas más usadas eran: laminado, granulado (con su variedad de granos sumamente finos, casi microscópicos, llamada *Pulvíscolo*), filigrana y tapizado (una especie de granulado invertido autóctono). En cuanto a su tipología,

Relieves del Templo de Pyrgi

encontramos: fíbulas (tipos dragón, arco figurado, sanguijuela y naveta), broches, brazaletes, collares, pendientes, anillos, gemas y copas (en los ambientes funerarios).

8.4.3. Marfiles

Su apogeo se produce en la época orientalizante, comenzando a decaer a partir del siglo IV a.C. En un principio fue importada tanto la materia como la forma, de Siria, Fenicia y Chipre, pero después, a raíz de la llegada del marfil africano, se instalaros talleres propios. Los elementos de marfil más destacados son: plaquitas decoradas, cofrecillos, copas, mangos para espejos de bronce, apliques para muebles, agujas, bastoncillos, pequeños discos, tapaderas, pinzas, peines, cucharillas, tubos cilíndricos para flautas, pendientes, anillos. Su temática es muy variada, zoomorfa, antropomorfa, animales fantásticos, fitomorfa etc. y, en la mayor parte de los casos se han hallado restos de policromía.

9

La religión etrusca

9.1. ORÍGENES DE LA RELIGIÓN ETRUSCA: COSMOGONÍA Y REVELACIÓN

Un léxico bizantino llamado *Suda*, recoge en la voz *Tyrrhenia*, una cosmogonía etrusca, si bien con contaminación judeocristiana: Así resume Lara Peinado la citada cosmogonía:

> El hecho cosmogónico fue debido a la acción de un dios demiurgo, quien concedió a su creación una duración de 12 milenios. En el primer milenio hizo el cielo y la tierra; en el segundo, el firmamento (cielo); en el tercero, el mar y las aguas de la tierra; en el cuarto, el sol, la luna y las estrellas; en el quinto, todo ser viviente sobre la tierra y en las aguas, y, en el sexto milenio, al hombre. De acuerdo con el mito los restantes milenios, otros seis, pertenecerían al hombre. De ellos, a los etruscos (...) los dioses les asignaron una existencia, tan solo de diez "saecula", al cabo de los cuales se produciría el "finis nominis Etrusci", esto es, el fin de su historia. (Lara Peinado, F. 2007 pág. 220).

La religión etrusca fue, así pues, revelada y, de acuerdo con las fuentes clásicas (Cicerón y Ovidio fundamentalmente) el personaje que la reveló a los hombres fue *Tages*. Los hechos ocurrieron de la siguiente manera: Tarconte, el fundador de Tarquinia, estaba arando la tierra cuando, al abrir un surco, en su interior, apareció Tages con aspecto de niño pero sabiduría de anciano. Otros autores afirman que la revelación la llevó a cabo una musa, profetisa o ninfa llamada *Vegoia, Begoe o Vegone* según las distintas trasncripciones latinas.

La materia revelada fue pasando generación tras generación por vía oral hasta el siglo I a.C. momento en el cual se fijó por escrito bajo el título de *Etrusca disciplina.* Componen la *Etrusca disciplina* los siguientes libros: 1.*Libro Haurispicini* (reglas para el examen de las entrañas de animales sacrificados. Su estudio correcto es capaz de descifrar mensajes de los dioses. 2. *Libri fulgurales* (interpretación de los rayos y los relampagos con el mismo fin). Este grupo de libros es atribuido a *Vegoia.* 3. *Libri rituales* (contiene las normas necesarias para el buen hacer de ciertos rituales tales como fundaciones de ciudades, consagraciones de templos y altares, ritos sacrificiales entre otros muchos aspectos de la vida). Comprendían también estos libros los *Libri Ostentaria* (interpretaciones de prodigios y hechos anómalos); *Libri fatales* (alusivos al destino de hombres, de periodos históricos e incluso de la historia misma) y *Libri Acheruntici*, que trataba cuestiones escatológicas. De todo este elenco de libros muy poco se ha conservado.

Podemos sacar, a grandes rasgos, a la hora de caracterizar la religiosidad etrusca cuatro conclusiones: 1. Todo en la vida del etrusco se movía en torno a rituales; todo, hasta lo aparentemente más profano, se hacía de acuerdo con un ritual perfectamente establecido. 2. Existía una correspondencia clara y directa entre los dioses y los hombres y entre la vida (el más acá) y la muerte (el más allá). 3. Los tres mundos: el celestial, el terrenal y el infernal, estaban poblados de divinidades específicas tanto positivas como negativas y 4. La influencia religiosa del mundo oriental y el griego es bien patente y se mezcla de forma muy natural con la autóctona, de hecho en la época clásica etrusca penetraron intensamente doctrinas órfico-pitagóricas y la decadencia y posterior romanización se vio empapada del pensamiento astrológico y de los cultos mistéricos.

A lo largo de su historia la percepción de lo divino fue variando: en un primer momento se percibía a la divinidad sobretodo en su carácter misterioso, inefable; más adelante esa inefabilidad fue tomando forma de criaturas monstruosas para al final hacerse plenamente antropomorfa.

9.2. TEOLOGÍA: LOS DIOSES ETRUSCOS

Tenemos referencia de multitud de divinidades etruscas. Para mayor comodidad del lector las hemos clasificado en ciertos grupos específicos:

9.2.1. La gran triada

1. *Tinia*: El equivalente al Zeus griego o Júpiter latino; reina sobre el universo y es titular absoluto del mundo celeste, de la vegetación y del mundo ctónico. 2. *Uni*: Esposa de *Tinia*, diosa de la fecundidad y con un perfil similar a la *Hera* griega y, en algunos casos a la *Astarté* fenicia. Se la puede definir como la protectora de lo femenino en su sentido más amplio. Y 3. *Menrva*: Titular de las ciudades amuralladas, nodriza de distintos dioses, curandera y mántica. Tuvo ciertas atribuciones ctónicas así como en el mundo infantil.

9.2.2. Otras divinidades

A. Masculinas: 1. *Fufluns*: Divinidad de carácter eminentemente ctónico; fue titular durante el siglo V a.C. del vino y de las fiestas orgiásticas. En el siglo IV a.C. fue incorporado a asuntos femeninos y un siglo más tarde (siglo III a.C.) se puso en conexión con el mundo funerario como divinidad psicopompa. 2. *Sethlans*: También con atribuciones ctónicas, dios del fuego, patrono de los artesanos y de la forja. Similar, en resumen, al *Hefesto* griego y el *Vulcano* romano. 3. Velch: Primeramente vinculado a la vegetación y después con la forja y los artesanos. (podría ser, según los especialistas, un simple doble de *Sethlans*). 4. *Selvans*: Protector de las selvas y los límites de los campos. Patrón de las fronteras y los pactos. Los romanos le vieron como un dios eminentemente pastoril. **5.** *Turms*: Similar al *Hermes* griego, dios del comercio, mensajero de los dioses y conductor de las almas de los difuntos. **6.** *Nethuns*: Dios de las aguas dulces y, a partir del siglo V a.C. también de las aguas saladas. **7.** *Laran*: De incorporación tardía (siglo IV a.C.), dios de la guerra. **8.** *Usil*/**Catha**: Divinidades solares en sus acepciones masculina y femenina. **9.** *Culsans*: Titular de las puertas, al igual que el *Jano* romano, se presenta con dos cabezas; también se puede identificar con el guardián de la entrada de los infiernos. **10.***S atre*: Dios de las profundidades de la tierra al igual que el *Saturno* romano. **11.** *Voltumna*: Contempla varias facetas: ctónico, monstruo terrible, responsable de la vegetación o guerrero. Es el titular del templo federal de la Confederación Etrusca, el *Fanun Voltumnae*. **B. Femeninas**: **1.** *Turan*: Similar a *Afrodita* o *Venus*, vinculada a prácticas conectadas con la prostitución. Diosa también del amor y la belleza. **2.** *Thesan*: Titular de la aurora. **3.** *Nortia*: Identificada con la *Fortuna* romana, tanto material como trascendente (el destino). **4.** *Gel ati*: Tierra madre, se trataba de una divinidad anicónica. **5.** *Alpan*: Conocida fundamentalmente por sus representaciones en espejos: Divinidad de la que se sabe poco: unos la relacionan con *Perséfone* otros con el círculo de *Afrodita* e incluso algunos la vinculan a *Dionisios*. **6.** *Vea*: Similar a *Deméter* o *ceres*.

9.2.3. Divinidades de ultratumba

1. *Cilens*: Divinidad infernal femenina del destino. Es compleja su interpretación. **2.** *Thanr*: Femenina,vinculada al nacimiento, a la muerte y al mundo infernal. **3.** *Mlach*: Divinidad femenina de la ultratumba. **4.** *Leinth*: Femenina, representaría, tal vez, a la propia muerte. **5.** *Nathum*: Femenina, vinculada a la venganza, equivalente a la *Furia* griega. **6.** *Tivr*: Femenina, la luna. **7.** *Athrpa*: femenina, el destino (las *parcas* griegas). **8-11.** *Aisera*, **Ethavisa, Lusl y Tecum**: Todas ellas femeninas y de oscuro significado. **12.** *Calus*: Masculino, titular del más allá. **13.** *Vanth*: Femenino, conductora de difuntos, iluminadora del oscuro camino hacia la vida de ultratumba. **14.** *Culsu*:

Femenina, titular de las puertas probablemente de ultratumba. **15.** *Velis*: Masculino, señor de la noche, titular también de las puertas del mundo de los muertos. **16.** *Charu(n)*: Primero de los dioses por excelencia del averno etrusco, para unos, con su enorme martillo asesta el golpe mortal y definitivo al difunto y para otros, hincaría el clavo del destino de una persona limitándole su existencia a un período concreto. De vez en cuando le encontramos con las llaves del infierno, pues es portero y señor a la vez del mundo de los muertos. Dios también que representa la eternidad: anuncia al vivo el día de su muerte, le separa de los vivos y le guía en su viaje al más allá. **17.** *Tuchulcha*: Segundo de los dioses por excelencia del averno etrusco. Es más cruel y terrible que *Charun,* pues con su terrorífico aspecto, asusta y aterroriza a los muertos aunque no les hace nada.

9.2.4. Préstamos griegos

Los principales préstamos griegos fueron: *Apolo (Aplu)*, *Artemisa (Artumes)*, *Heracles (Hercle)*, *Letona (Letun)*, *Castor (Castur)*, *Polux (Pultuce)*, *Hades (Aita)*, *Perséfone (Phersipnai)* y *Caronte (Charun)*.

9.3. ESCATOLOGÍA ETRUSCA

Los pensamientos etruscos sobre la vida después de la muerte fueron evolucionando con el tiempo: 1. En la Cultura Villanoviana: Probablemente se pensaba que tras la muerte el alma se separaba del cuerpo y se iba a otro mundo que en estos momentos es imposible caracterizar. 2. Poco después se pasó a creer en la corporeidad del alma sin poder precisar mucho más. 3. Hacia el siglo VI a.C. las pinturas de las tumbas y las manifestaciones arqueológicas son mucho más explícitas: El alma, parece, permanecería junto al cuerpo y, probablemente viviría en la tumba, de ahí las escenas cotidianas de las tumbas: representan éstas la vida de los muertos. 4. Poco a poco las ideas escatológicas se fueron complicando. Debido a la necesidad de conectar a los dioses con el más allá, se empezó a creer en la existencia de una segunda alma, denominada *hinthial*, que abandonaba las paredes de la tumba y utilizando diferentes medios de locomoción, llegaba, tras un viaje probablemente lleno de peligros a la ciudad del más allá ubicada en los confines del océano. Allí llevaría una vida similar a la terrestre pero sin sufrimientos junto con sus familiares y amigos ya muertos. Pero para ello, los familiares vivos deberían hacer una serie de sacrificios rituales. A cambio de la sangre (el alma) de los animales sacrificados, los dioses del averno liberaban las almas de los seres queridos y las permitían, de esa manera, ascender a la citada ciudad del más allá. 5. Hacia el siglo IV a.C. los conceptos escatológicos cambiaron radicalmente: debido a las influencias griega y romana, el más allá se convirtió en una morada de seres demoníacos dispuestos a apoderarse del alma de los difuntos recién llegados.

9.4. LAS MANIFESTACIONES RITUALES
9.4.1. Los funerales y los cultos funerarios

El ritual funerario etrusco se componía de 8 partes: 1. El cadáver tras haberse lavado, ungido y vestido, era trasladado junto a su tumba. 2. Allí quedaba expuesto durante varios días en los cuales era elogiado y despedido. 3. Llegado el día, los familiares desfilaban frente a él: los hombre se lavaban las manos en señal de duelo, las mujeres hacían lamentaciones y llevaban perfumes. A veces se contrataban plañideras que se lamentaban y se mesaban los cabellos en público. 4. Luego se iniciaba la procesión funeraria: primero los flautistas, tras ellos los familiares más cercanos de entre los cuales dos tiraban el carro funerario rodeados de mujeres llorosas, detrás procesionaban el resto de los familiares y dos flautistas cerraban el cortejo. 5. Existían, tanto la incineración como la inhumación. En el primer caso (Etruria interior más bien), se llevaba el cadáver directamente a la pira funeraria y las cenizas se depositaban en una urna por lo general antropomorfa que se ubicaba en la tumba. En el segundo caso se introducía el cadáver directamente en el sarcófago, de piedra o cerámica, orientado habitualmente hacia el oeste. Por lo general, el muerto era enterrado junto con sus vestidos, joyas e incluso alimentos, bebidas y carros. Parece pues que la vida en el más allá, ya se ha dicho, era muy similar a la de aquí. 6. A continuación, en las cercanías de la tumba, se llevaba a cabo el banquete funerario acompañado de danzas y juegos. 7. Periódicamente, se le ofrecían al muerto ciertos cultos funerarios: libaciones, ofrendas vegetales e inmolaciones de animales. 8. Ya al final de la historia de los etruscos se detectan indicios de prácticas de heroización del difunto vinculadas a principios órfico-pitagóricos y a los *Symposia*.

9.4.2. Rituales oficiales

Sacerdotes, Arúspices, Fulguratores y Astrólogos: Como ya se ha dicho, para los etruscos la vida estaba constantemente sometida a la autoridad de los dioses, no existía por tanto el azar ni a una causalidad mecánica. Es por ello por lo que, aparte de los rituales, la ciencia etrusca busco procedimientos para poder, de alguna manera interrogar a los dioses sobre lo que les deparaba en su vida futura; en cuatro modalidades esencialmente: **1. Sacerdotal**: Los sacerdotes (*cepen*), organizados en confraternidades o colegios sacerdotales, llevaban a cabo en templos y santuarios todo un rígido elenco de rituales para tener a los dioses predispuestos a contactar con ellos, invocaciones (*nunthlen*), ofrendas de alimentos (*fasei*)y presentes (*turce*), todo ellos conformaba el llamado "servicio divino" (*aisna*). Otras actividades de los sacerdotes eran, la observación del vuelo de las aves y la observación en general de la naturaleza para detectar anomalías. Estas anomalías se entendían como prodigios y los prodigios como formas de manifestarse los dioses. **2. Aurispicial**: Los Auríspices (*netsvis trunvt / pava*) eran expertos en el examen de las vísceras de los animales, Vestían túnicas sobre las que se colocaban un manto de bandas llamado *tebbenna*, hecho de piel, sobre la cabeza llevaban el *ápex*, una especie de birrete cónico que se ataba por debajo del mentón.

Así describe Federico Lara Peinado la consulta de las vísceras:

El auríspice abría el tórax y el vientre del animal y después de haber observado su interior, por si hubiera alguna alteración o carencia de alguna víscera, analizaba los últimos movimientos del intestino, así como el lugar y el color de los demás órganos. Tras ello procedía a extraerlos. Un asistente los depositaba en una mesa, sobre la cual se procedía a una mayor inspección ocular, órgano por órgano. Se examinaban, y por este orden, el hígado, el corazón, los pulmones, el estómago, los intestinos, el bazo y los riñones. (Lara Peinado, F. pág. 418).

También Federico Lara Peinado ha recogido el impresionante testimonio de una consulta a los dioses mediante esta disciplina. Nos la transmite Lucano en su obra, *Farsalia Libro I*, el texto es largo pero, creemos, merece la pena transcribirlo en su integridad:

Luego, Arruns, tomando a un macho por la nuca lo acerca al altar. Ya comienza a regar el vino y a esparcir con su cuchillo la harina del plato. La víctima, —largo tiempo rebelde al sacrificio, los salvajes cuernos firmemente tenidos por los ministrantes que visten ropas cortas, las rodillas dobladas—, ofrece su cerviz vencida. Pero la sangre no fluye como de costumbre; por la abierta llaga, en lugar de sangre, corre un humor corrompido y funesto. Arrurns, estupefacto ante el sacrificio de lúgubres efectos, palidece y rebusca en las entrañas nuevos signos de cólera celeste. Su color mismo aterroriza al Auríspice. Las pálidas vísceras pardean de oscuras manchas, impregnadas de una sangre helada que multiplica sus placas sanguinolientas sobre el tinte lívido. El pulmón palpita, pierde todo su calor vital y un leve surco se abre sobre sus partes vitales. El corazón está inerte, las vísceras dejan escapar sus humores por las fisuras abiertas, por donde los intestinos muestran sus recónditos repliegues. Vio, por último, un prodigio indecible que jamás aparece impunemente en las entrañas: en la parte superior del hígado vio crecer otro pedúnculo; una parte pende, pues está enferma y fláccida, mientras que la otra palpita y sacude las venas con pálpitos desmesurados. Cuando estos indicios le hicieron comprender la magnitud de los males previstos por el destino, el auríspice exclamó: "Difícilmente me es permitido, dioses del cielo, revelar a las gentes lo que estáis a punto de desatar sobre ellos. Por qué no eres tú, oh muy grande Júpiter, quien ha aceptado el sacrificio. Son los dioses infernales quienes han penetrado las entrañas del toro. Nuestro temor sobrepasa los límites de la expresión, pero los acontecimientos superarán aún el terror mismo. ¡Quieran los dioses volver favorable lo que mis ojos han visto! ¡Quiera Tages, inventor de nuestro arte, haberse equivocado y haber mentido las vísceras que he palpado! (Lara Peinado, F. 2007 pág. 420).

3. Fulguratores: Eran aurispices especializados en la interpretación de los rayos y de los trueno. En cuanto al rayo: Se fijaban minuciosamente en las circusntancias precisas en las que se producía su caída (identidad del dios que lo enviaba, punto de partida, dirección y trayecto, tipo, intensidad, forma de la caída y color del rayo entre otras cosas), el lugar de caída era, por supuesto, objeto de tratamiento ritual de diversa índole y, por último, se dejaba algún testimonio imperecedero, habitualmente un pozo (*puteal*) en aquel lugar a modo de expiación; como forma de "sepultar", entendido como dejar sin efectos, el lugar. Existían 11 tipos de rayos manejados sólo por nueve dioses (*Iuppiter, Iuno, Minerva, Volcans, Mars, Saturnus, Summanus, Hércules y Auster*) . En cuanto al trueno, también era objeto de estudio y análisis profundo. Se han encontrado un *calendario brontoscópico* (*Ephemeros brontoskopia*), en él se recogían los momentos en los que se produjo el sonido y los presagios asociados a ellos. Este calendario está dividido en 12 meses de 30 días comenzando en Junio. Transcribimos los 12 primeros días de junio:

1 de junio: Si truena, habrá cosechas abundantes, pero la cebada será la excepción. Se abatirán sobre el hombre enfermedades peligrosas. 2 de junio: Si truena, los alumbramientos serán menos penosos para las madres. El ganado morirá. Habrá pesca en abundancia. 3 de junio: Si truena, el calor será muy seco. Por lo tanto, no solo los frutos secos, sino también los blandos, resultarán abrasados por la sequía. 4 De junio: Si truena, el aire será húmedo y lluvioso hasta el extremo de que las cosechas se pudrirán y se perderán. 5 de junio: Si truena, será funesto para el campo. Aquellos que gobiernan las aldeas y los pueblos tendrán dificultades. 6 de junio: Si truena, un bicho dañino nacerá en el interior de la cosecha ya madura. 7 de junio: Si truena, aparecerán enfermedades; sin embargo, matarán a poca gente. La cosecha de frutos secos será buena, las demás se quemarán. 8 de junio: Si truena, es anuncio de lluvias abundantes y

de la muerte del trigo. 9 de junio: Si truena, los rebaños morirán a causa de los ataques de los lobos. 10 de junio: si truena, los fallecimientos serán numerosos pero habrá una gran cosecha. 11 de junio: Si truena, se producirán calores inofensivos, la "república" conocerá la abundancia. 12 de junio: Si truena, ocurrirá lo mismo que el día anterior (…). (Lara Peinado, F. 2007 pág. 422).

4. Astrólogos: Llegó muy tardíamente la astrología a Etruria, probablemente entre los siglos III y II a.C. el vocablo etrusco que designaba a los astrólogos pudo ser *tiurtelathur.*

9.4.3. Otros rituales menos conocidos

Cleromancia, Oráculos y Deposición de Exvotos: A partir del siglo III a.C. probablemente por influencia griega comenzó a desarrollarse la cleromancia o el arte de la adivinación por medio del lanzamiento de astrágalos, placas, bolas, fichas o guijarros. Muchas de ellas tenían en sus lados nombres de dioses, sobretodo uno: *Suri / Aplu.* También fue popular la consulta oracular, el más popular de los centros oraculares fue *Fortuna Primigenia,* ubicado en Palestrina, la antigua *Preneste.* Dado que el hombre etrusco era radicalmente impotente ante las decisiones de los dioses, para intentar ganárselos de forma personal, se desarrolló la ofrenda de exvotos en los santuarios. El más popular de los centro de destino de los citados exvotos fue el propio santuario de la federación etrusca, *Fanun Voltumnae,* aunque también hubo importantes centros receptores en *Tarquinia, Veyes, Caere* y *Vulci.*

Bibliografía

AZIZ, Philippe: *Los etruscos* (1976), Club Internacional del Libro, 1985.

HERÓDOTO: *Historia Libro I*, Gredos, Madrid 2008.

HEURGON, Jacques: *La vida cotidiana de los etruscos* (1961), Temas de hoy, Madrid 1994.

HUS, Alain: *Los etruscos* (1957), Fondo de Cultura Económica, México 1996.

LARA PEINADO, Federico. *Los etruscos. Pórtico de la historia de Roma*, Cátedra, Madrid 2007.

SMITH, Christopher: *Los etruscos: una breve introducción* (2014), Alianza editorial, Madrid 2016.